GASTRONOMISCH GEVULD EIEREN

Verhoog uw hapjes met 100 gastronomisch gevuld eieren

Jurre de Vos

auteursrechten Materiaal ©202 3

Alle Rechten Gereserveerd .

Nee deel van dit boek kunnen zijn gebruikt of verzonden in elk formulier of door elk middelen zonder de juist geschreven toestemming van de uitgever En auteursrechten eigenaar, behalve voor kort citaten gebruikt in A beoordeling . Dit boek zou moeten niet zijn beschouwd A vervanging voor medisch, legaal, of ander professioneel advies.

INHOUDSOPGAVE

INHOUDSOPGAVE 3
INLEIDING 6
THEMADUIVELEIEREN 7
   1. Paaseitjes met eieren 8
   2. Halloween-duivelseieren 10
   3. Roze paaseieren 12
   4. Romantische duivelse eieren 15
   5. Kerstdeviled Eggs 17
   6. Kerstboom-duiveleieren 19
   7. Spooky Spider Deviled Eggs (Halloween) 21
   8. Thanksgiving-hoorn des overvloeds Deviled Eggs 23
   9. St. Patrick's Day Shamrock Deviled Eggs 25
   10. Paashaas-duiveleieren 27
   11. Patriottische Deviled Eggs van 4 juli 29
   12. Halloween-mummie-deviled-eieren 31
   13. Cinco de Mayo Fiesta Deviled Eggs 33
   14. Hartvormige duivelse eieren voor Valentijnsdag 35
   15. Aftellen op oudejaarsavond Deviled Eggs 37
KAASE DUIVELEIEREN 39
   16. Met Boursin geïnfundeerde duivelse eieren 40
   17. Franse Uiensoep Gevulde Eieren 42
   18. Gevulde eieren met Spaanse peperkaas 45
   19. Kaviaar en Crème Fraîche Deviled Eggs 47
   20. Cheesy Jalapeño Popper Deviled Eggs 49
   21. Queso Blanco gevulde eieren 51
   22. Cheddar-tijm-deviled-eieren 53
   23. Bacon Cheddar Deviled Eggs 55
   24. Gevulde eieren met spek en blauwe kaas 57
   25. Gerookte Goudse en Bieslook Deviled Eggs 59
   26. Parmezaanse kaas en kruideneieren 61
GEKRUIDE DUIVELEIEREN 63
   27. Knoflook-dille-deviled-eieren 64
   28. Lentekruid-deviled-eieren in de schaal 66
   29. Gekarameliseerde uien- en kruideneieren 69
   30. Groene godin duivelse eieren 71
   31. Gevulde eieren met basilicum en zongedroogde tomaten 73
   32. Dille en komkommer gevulde eieren 75
   33. Duivelseieren met bieslook en dragon 77
   34. Peterselie en kervel gevulde eieren 79
   35. Rozemarijn- en citroen-deviled-eieren 81
   36. Deviled Eggs met munt en koriander 83
KRUIDIGE DUIVELEIEREN 85
   37. Pittige en rokerige gevulde eieren 86
   38. Griekse yoghurt-deviled-eieren 89

39. Nori duivelsei 91
40. Sriracha-duivelse eieren 93
41. Tahini & Olive Deviled Eggs met munt 95
42. Jalapeño en Bacon Deviled Eggs 97
43. Habanero Mango-duiveleieren 99
44. Cajun-gekruide duivelse eieren 101
45. Chipotle en komijn-deviled eieren 103
46. Wasabi en soja-deviled-eieren 105

NOOTACHTIGE DUIVELEIEREN 107
47. Amandel-deviled-eieren 108
48. Curry-Cashew-deviled-eieren 110
49. Dukkah-devilde-eieren 112
50. Ricotta en pistachemousse gevulde eieren 114
51. Op Thailand geïnspireerde duivelse eieren 116
52. Cajun-gekruide walnoot-deviled-eieren 118
53. Pecannoten en honingdeviled eieren 120
54. Amandel- en curry-deviled-eieren 122
55. Walnoot en blauwe kaas gevulde eieren 124
56. Deviled Eggs met cashewnoten en koriander 126
57. Duivelseieren met pistache en feta 128

DUIVELEIEREN VAN DE VLEESLIEFHEBBER 130
58. Mierikswortel en Filet Mignon Deviled Eggs 131
59. Bacon-deviled-eieren 134
60. Deviled groene eieren en spam 136
61. Bacon-balsamico-deviled-eieren 138
62. Voorgerecht met gevulde ham en eieren 140
63. Deviled Eggs Benedict met Prosciutto 142
64. Bacon Ranch Deviled Eggs 145
65. Buffalo Chicken Deviled Eggs 147
66. Gevulde eieren met worst en peper 149
67. Barbecue Pulled Pork Deviled Eggs 151
68. Pastrami en Zwitserse duivelse eieren 153

FRUIT DUIVELEIEREN 155
69. Passievrucht-deviled-eieren 156
70. Citroencurry-deviled-eieren 158
71. Regenboogduivelseieren 160
72. Met bieten gepekelde duivelse eieren 163
73. Roze peperbes-deviled-eieren 165
74. Zoete en hartige gevulde eieren 167
75. Appel-rozemarijn-deviled-eieren 169
76. Curry-mango-deviled-eieren 171
77. Ananas Jalapeño Deviled Eggs 173
78. Aardbeienbalsamico-deviled-eieren 175
79. Bosbessen-geitenkaas-deviled-eieren 177

VIS- EN ZEEVRUCHTEN DUIVELEIEREN 179
80. Tonijn- en ansjoviseieren 180

81. Slechtgehumeurde duivelse eieren 182
82. Duivelseieren van gerookte forel 184
83. Gerookte Zalm Gevulde Eieren 186
84. Krab-deviled-eieren met spek 188
85. Deviled Eggs met gerookte zalm en roomkaas 190
86. Gevulde eieren met garnalen en avocado 192
87. Krab en Old Bay Deviled Eggs 194
88. Tonijn- en olijven-deviled-eieren 196
89. Gevulde eieren met kreeft en bieslook 198

VEGGIE DUIVELEIEREN 200
90. Spinaziedip gevulde eieren 201
91. Tatersalade met gevulde eieren 203
92. Pompoen-deviled-eieren 205
93. Salsa-deviled-eieren 207
94. Deviled Eggs met avocado en tomaat 209
95. Spinazie en feta gevulde eieren 211
96. Geroosterde rode paprika en hummus gevulde eieren 213
97. Komkommer en Griekse Yoghurt Deviled Eggs 215
98. Duivelseieren met artisjok en Parmezaanse kaas 217
99. Gevulde eieren met zongedroogde tomaten en basilicum 219
100. Paprika en ui gevulde eieren 221

CONCLUSIE 223

INVOERING

Welkom in de wereld van de hapjes, waar onder de klassiekers één gerecht opvalt door zijn tijdloze aantrekkingskracht en ongelooflijke veelzijdigheid: het duivelsei. Deze verrukkelijke lekkernijen hebben de tafels van talloze bijeenkomsten gesierd, van informele familiepicknicks tot luxe cocktailparty's. Maar in 'GASTRONOMISCH GEVULD EIEREN: verhoog je hapjes met 100 verrukkelijke creaties' staan we op het punt een culinaire reis te beginnen die de traditie overstijgt en het eenvoudige duivelsei transformeert in een waar meesterwerk. Bereid je voor om gefascineerd en geïnspireerd te worden door een verzameling recepten met gevulde eieren die niet alleen de grenzen van smaak verleggen, maar ook textuur en presentatie opnieuw definiëren. Op deze pagina's zijn we verder gegaan dan de vertrouwde wereld van mayonaise en mosterd, en hebben we een wereld van ingrediënten ontdekt die uw smaakpapillen wakker zullen schudden en uw gasten blij zullen maken. Van hartig tot zoet, kruidig tot verfijnd, deze deviled eggs zijn zorgvuldig vervaardigd om aan ieders smaak tegemoet te komen, en beloven een aperitiefervaring als nooit tevoren.

Beschouw ons in dit kookboek als uw culinaire gidsen terwijl we u door het proces leiden van het creëren van deze gastronomische wonderen. We delen tips en technieken die niet alleen uw culinaire avonturen zullen vereenvoudigen, maar u ook in staat zullen stellen om te experimenteren en uw unieke flair in elke creatie te gieten. Of je nu een doorgewinterde chef-kok bent die nieuwe horizonten zoekt of een beginneling in de keuken die graag wil ontdekken, "GASTRONOMISCH GEVULD EIEREN" verwelkomt je met open armen en belooft een culinaire reis vol ontdekkingen.

Dus trek je schort aan, verzamel je ingrediënten en bereid je voor op een heerlijke reis die verder gaat dan het gewone. Laten we ons verdiepen in de wereld van 'GASTRONOMISCH GEVULD EIEREN', waar elk recept een viering is van creativiteit en smaak, waardoor uw hapjes naar nieuwe hoogten worden getild. Of u nu een verfijnd soirée of een informeel samenzijn organiseert, deze duivelse eieren zullen ongetwijfeld de aandacht stelen en het gesprek van de dag worden. Maak je klaar om je hapjes naar een hoger niveau te tillen en de manier waarop je naar het klassieke duivelsei kijkt te transformeren!

THEMA DUIVEL EIEREN

1. Paas-duiveleieren

INGREDIËNTEN:
- 6 grote hardgekookte eieren
- ¼ kopje mayonaise
- 1 theelepel mosterd, geel of Dijon
- ½ theelepel witte azijn, plus meer voor de kleurstof
- Zout, naar smaak
- Versgemalen zwarte peper, naar smaak
- 10 tot 12 druppels kleurstof, verschillende kleuren, voor het verven van het eiwit
- Streepje paprikapoeder, optionele garnering

INSTRUCTIES:
a) Pel de eieren en snijd ze in de lengte doormidden. Doe de dooiers in een grote kom en bewaar de eiwitten in de koelkast totdat je klaar bent om ze te verven.

b) Pureer de dooiers goed met een vork of aardappelstamper. Voeg de mayonaise, mosterd en ½ theelepel azijn toe. Meng goed en voeg indien nodig zout en peper naar smaak toe. Zet de vulling in de koelkast totdat u klaar bent om de eiwitten te vullen.

c) Doe 1 kopje water in een glas of kom. Voeg 1 theelepel witte azijn toe aan de container, samen met 2 tot 3 druppels kleurstof. Herhaal met extra containers met kleuren.

d) Spoel de eiwithelften voorzichtig af om de resterende dooier weg te spoelen en plaats de eiwitten vervolgens in het gekleurde water. Afhankelijk van de kleur duurt het 1 minuut of langer om de eieren een lichte pastelkleur te verven.

e) Leg de geverfde eiwitten op een bakplaat en laat ze drogen.

f) Spuit of schep de vulling in de geverfde eierhelften en garneer eventueel met paprikapoeder.

2. Halloween-duivelse eieren

INGREDIËNTEN:
- 1 dozijn eieren
- ½ theelepel paprikapoeder
- 1 theelepel mosterd
- ¼ kopje mayonaise
- Zout en peper naar smaak
- Zwarte of paarse kleurstof voor levensmiddelen (vloeistof of gel)

INSTRUCTIES:
a) Kook de eieren volgens uw favoriete methode.
b) Breek de gekookte eieren voorzichtig en rol ze op een vlakke ondergrond. Doe elk ei in een ritssluitingszak en voeg een kleine hoeveelheid zwarte of paarse kleurstof toe, samen met water. Als u gelvoedselkleuring gebruikt, voeg dan een druppel water toe aan het ritssluitingszakje. Er is geen extra water nodig als u vloeibare kleurstof gebruikt. Sluit de zakken en laat de eieren een nacht in de koelkast staan om hun griezelige kleur te ontwikkelen.
c) Zodra de eieren klaar zijn, verwijdert u de gekleurde schalen en snijdt u elk ei doormidden. Verwijder voorzichtig de dooiers en plaats ze in een kleine container.
d) Breng de eierdooiers op smaak met zout, peper, paprikapoeder, mosterd en mayonaise. Pas de hoeveelheden van deze ingrediënten aan uw smaakvoorkeuren aan.
e) Voeg een paar druppels paarse kleurstof toe aan het eigeelmengsel om het spookachtige effect te versterken.
f) Vul met een lepel het midden van elke eihelft met het gevulde eimengsel.
g) Bewaar je Halloween-duiveleieren in de koelkast en geniet er maximaal 3 dagen van.

3. Roze paaseieren met eieren

INGREDIËNTEN:
- 6 grote eieren
- 1 eetlepel mayonaise
- 1½ theelepel lichtbruine mosterd
- 1 theelepel zure room
- Een klein bosje spruitjes ter garnering
- Een klein bosje gipskruid ter garnering
- Een klein druppeltje roze kleurstof

INSTRUCTIES:
a) Begin door 6 grote eieren toe te voegen aan een pan met koud water, en zorg ervoor dat ze net onder water staan. Zet de pan op het vuur en kook de eieren gedurende 20 minuten op middelhoog vuur. Doe ze na 20 minuten in een kom met koud water en laat ze 5-10 minuten staan.
b) Zodra de eieren zijn afgekoeld, verwijdert u voorzichtig de schaal door rond het midden te tikken en ze te pellen. Pel de eieren voorzichtig, zodat ze onbeschadigd en ongerept blijven.
c) Snijd de eieren door het midden en snijd een klein stukje van de bodem af, zodat ze perfect plat liggen en niet kunnen verschuiven op het bord.
d) Verwijder voorzichtig de dooiers. Als je voorzichtig bent, moeten ze er gemakkelijk uit glijden, dus je hoeft geen lepel te gebruiken. Er kan nog een klein beetje in zitten, maar het is gemakkelijker en minder schadelijk voor het eiwit om te proberen het eerst naar buiten te schuiven.
e) Duw de dooiers door een zeef om ze los te maken en zorg ervoor dat je vulling perfect glad is als je de andere ingrediënten erdoor mengt.
f) Was en droog de eierhelften voorzichtig met keukenpapier om ze extra perfect te maken.
g) Meng in een kleine mengkom de eierdooiers, 1 eetlepel mayonaise, 1 theelepel zure room, 1½ theelepel lichtbruine mosterd en een snufje zout en peper naar smaak. De afmetingen voor mayonaise, zure room en mosterd zijn aan de lichtere kant om aanpassing van de textuur mogelijk te maken. Streef naar een consistentie die lijkt op hummus. Proef het mengsel en pas aan door meer saus toe te voegen om het romiger te maken.
h) Voeg de roze kleurstof toe. Voeg geen volledige druppel toe; Gebruik in plaats daarvan een tandenstoker om de roze kleurstof stapsgewijs toe

te voegen totdat je de gewenste lichtroze kleur hebt bereikt. Roer totdat de kleur uniform is.

i) Zodra uw ingrediënten goed gemengd zijn , brengt u het mengsel over in een spuitzak met een decoratieve spuitmond en vult u de eieren.

j) Garneer met spruitjes. Je kunt ook een klein beetje paprikapoeder, Old Bay-kruiden of cayennepeper toevoegen, maar doe dit door de specerij in je hand te gieten en over de eieren te strooien, omdat dit een betere controle mogelijk maakt om te voorkomen dat je mooie eieren te pittig worden.

4. Romantische Deviled Eggs

INGREDIËNTEN:
- 6 eieren
- 1 eetlepel mayonaise
- 1½ theelepel pittige bruine mosterd
- 1 theelepel zure room
- 1 druppel rode kleurstof – of een paar druppels bietensap
- 2 eetlepels mierikswortelspruiten
- 5 kleine radijsjes – in dunne plakjes gesneden voor garnering
- Wasbloemen – genoeg om elk ei te garneren met 2-3 kleine bloesems
- Zout en peper – naar smaak
- Maanzaad – een hagelslag

INSTRUCTIES:
a) Begin met het plaatsen van 6 grote eieren in een pot gevuld met koud water. Zet het vuur op MEDIUM en laat ze 20 minuten opwarmen en koken (dat is 20 minuten vanaf het aanzetten tot het uitschakelen van het vuur). Eenmaal gekookt, doe ze in een kom met koud water en laat ze 10 minuten staan.

b) Nadat de eieren zijn afgekoeld, verwijdert u voorzichtig de schaal door rond het midden te tikken en ze te pellen. Pel de eieren voorzichtig en zorg ervoor dat ze gaaf en vrij van scheuren of deuken blijven.

c) Snijd de eieren kruislings door het midden, in plaats van in de lengte. Deze methode zorgt voor een stevigere basis voor de eierhelften. Meestal kun je de dooiers er voorzichtig uitschuiven zonder dat je een lepel nodig hebt.

d) Snijd een klein stukje van de onderkant van het eiwit af, zodat je gevulde eieren perfect plat liggen en niet op het bord glijden.

e) Duw de dooiers door een zeef, breek ze en zorg voor een perfect gladde vulling in combinatie met andere ingrediënten.

f) Meng in een mengkom de eidooiers, 1 eetlepel mayonaise, 1½ theelepel pittige bruine mosterd, 1 theelepel zure room, 1 druppel rode kleurstof en een snufje zout en peper.

g) Gebruik een spuitzak om uw eierhelften op elegante wijze te vullen. Zo zien ze er veel verfijnder uit. Garneer met gesneden radijsjes, mierikswortelspruiten, 2-3 wasbloemen en wat maanzaad voor een heerlijke finishing touch.

5. Kerst Deviled eieren

INGREDIËNTEN:
- 1 dozijn eieren
- ⅓ kopje mayonaise
- 1 theelepel mosterd
- 3 eetlepels dille-augurksaus
- ¼ kopje gehakte verse peterselie
- 2 eetlepels gehakte verse dille, plus meer voor serveren
- 1 druppel groene kleurstof (optioneel)
- ¼ theelepel koosjer zout
- ¼ theelepel gemalen zwarte peper
- ¼ kopje in blokjes gesneden rode paprika

INSTRUCTIES:
a) Vul een grote pan met ongeveer 2 centimeter water en breng het op hoog vuur aan de kook. Voeg voorzichtig de eieren toe en kook gedurende 12 minuten.

b) Haal de eieren eruit met een schuimspaan en doe ze in een grote kom met ijswater. Laat ze 2 minuten afkoelen. Haal daarna elk ei uit het water, tik zachtjes met de boven- en onderkant op het aanrecht en plaats de eieren vervolgens nog eens 10 minuten in het ijswater. Pel de eieren.

c) Halveer de eieren in de lengte en verwijder de dooiers.

d) Meng in de kom van een keukenmachine de eidooiers, mayonaise, mosterd, augurkensaus, peterselie, dille, groene kleurstof (indien gebruikt), zout en zwarte peper. Laat het 1 tot 2 minuten verwerken om de kruiden af te breken en goed te combineren, waarbij u indien nodig de zijkanten en de bodem van de kom schraapt. Verwijder het mengsel en doe het in een grote spuitzak of een plastic zak met ritssluiting. Knip de hoek van de tas af met een schaar om een ½ inch brede snede te maken.

e) Plaats de punt van de zak in het lege gat van een eiwithelft. Spuit de vulling net zo lang totdat deze het gat vult. Teken vervolgens een driehoek rond de randen van de vulling, zodat deze op een kerstboom lijkt. Herhaal dit met alle eierhelften.

f) Strooi gehakte rode peper over de toppen van de bomen. Voor extra smaak en visuele aantrekkingskracht kun je er eventueel nog wat gehakte verse dille over strooien.

g) Serveer onmiddellijk of bewaar in een luchtdichte verpakking in de koelkast gedurende maximaal 24 uur.

6. Kerstboom Deviled Eggs

INGREDIËNTEN:
- 6 grote eieren, hardgekookt en gepeld
- 1/4 kop mayonaise
- 1 theelepel Dijon-mosterd
- 1 theelepel witte azijn
- Zout en peper naar smaak
- Rode en groene voedselkleurstof
- Mini-krakelingstokjes
- Rode en gele paprika ter decoratie

INSTRUCTIES:
a) Bereid de klassieke duivelse eieren.
b) Verdeel het dooiermengsel in twee kommen.
c) Verf de ene helft met rode kleurstof en de andere helft met groen.
d) Vul één kant van elk ei met het rode mengsel en de andere kant met het groene mengsel.
e) Schik de eieren op een bord in de vorm van een kerstboom.
f) Gebruik mini-krakelingstokjes als boomstam en versier met fijngehakte rode en gele paprika.

7. Spookachtige Spider Deviled Eggs (Halloween)

INGREDIËNTEN:
- 6 grote eieren, hardgekookt en gepeld
- 1/4 kop mayonaise
- 1 theelepel Dijon-mosterd
- 1 theelepel witte azijn
- Zwarte olijven (in plakjes gesneden voor spinnenlichamen en poten)

INSTRUCTIES:
a) Bereid de klassieke duivelse eieren.
b) Snijd zwarte olijven in rondjes voor de spinnenlichamen en snijd vervolgens elke ronde in dunne reepjes voor de poten.
c) Plaats een olijfschijfje in het midden van elk ei voor het spinlichaam.
d) Leg olijfreepjes rond het lichaam om spinnenpoten te creëren.
e) Serveer op een donker bord voor een griezelig effect.

8. Thanksgiving Hoorn des overvloeds Deviled Eggs

INGREDIËNTEN:
- 6 grote eieren, hardgekookt en gepeld
- 1/4 kop mayonaise
- 1 theelepel Dijon-mosterd
- 1 theelepel witte azijn
- Zout en peper naar smaak
- Dun gesneden prosciutto of ham
- Verse kruiden ter garnering (rozemarijn, tijm, salie)

INSTRUCTIES:
a) Bereid de klassieke duivelse eieren.
b) Rol dunne plakjes prosciutto of ham in kegelvormen om de hoorn des overvloeds weer te geven.
c) Vul elke kegel met het gevulde eimengsel.
d) Schik de hoorn des overvloeds op een schaal en garneer met verse kruiden om de oogst weer te geven.

9. St. Patrick's Day Shamrock Deviled Eggs

INGREDIËNTEN:
- 6 grote eieren, hardgekookt en gepeld
- 1/4 kop mayonaise
- 1 theelepel Dijon-mosterd
- 1 theelepel witte azijn
- Zout en peper naar smaak
- Verse dille of peterselie voor garnering

INSTRUCTIES:
a) Bereid de klassieke duivelse eieren.
b) Snijd elk eiwit in drie hartvormen om een klavertje te vormen.
c) Vul elk hart met het gevulde eimengsel.
d) Schik de klavertjes op een bord en garneer met verse dille of peterselie.

10. Paashaas gevulde eieren

INGREDIËNTEN:
- 6 grote eieren, hardgekookt en gepeld
- 1/4 kop mayonaise
- 1 theelepel Dijon-mosterd
- 1 theelepel witte azijn
- Zout en peper naar smaak
- Kleine wortelschijfjes voor konijnenoren
- Zwarte olijvenschijfjes voor ogen en neus
- Verse bieslook voor snorharen

INSTRUCTIES:
a) Bereid de klassieke duivelse eieren.
b) Snijd wortelschijfjes in kleine oorvormen.
c) Plaats twee plakjes wortel op elk duivelsei voor konijnenoren.
d) Gebruik zwarte olijvenschijfjes voor de ogen en neus, en verse bieslook voor de snorharen.
e) Schik de konijntjeseieren op een bord voor een feestelijke paasshow.

11. Vierde juli patriottische Deviled Eggs

INGREDIËNTEN:
- 6 grote eieren, hardgekookt en gepeld
- 1/4 kop mayonaise
- 1 theelepel Dijon-mosterd
- 1 theelepel witte azijn
- Zout en peper naar smaak
- Rode en blauwe voedselkleurstof
- Gehakte bieslook ter garnering

INSTRUCTIES:
a) Bereid de klassieke duivelse eieren.
b) Verf een derde van het dooiermengsel met rode kleurstof en nog een derde met blauw.
c) Vul één kant van elk ei met het rode mengsel en de andere kant met het blauwe mengsel.
d) Garneer met gehakte bieslook om witte strepen weer te geven.
e) Schik de eieren op een schaal in een vlagpatroon voor een patriottisch tintje.

12. Halloween-mummie-deviled eieren

INGREDIËNTEN:
- 6 grote eieren, hardgekookt en gepeld
- 1/4 kop mayonaise
- 1 theelepel Dijon-mosterd
- 1 theelepel witte azijn
- Zout en peper naar smaak
- Dunne reepjes prosciutto of ham
- Eetbare googly-ogen

INSTRUCTIES:
a) Bereid de klassieke duivelse eieren.
b) Wikkel dunne reepjes prosciutto of ham rond elk ei om een mummie-achtig uiterlijk te creëren.
c) Plaats eetbare googly-ogen op elk ei.
d) Schik de mummie-eieren op een donkere schaal voor een griezelige Halloween-traktatie.

13. Cinco de Mayo Fiesta Deviled Eggs

INGREDIËNTEN:
- 6 grote eieren, hardgekookt en gepeld
- 1/4 kop mayonaise
- 1 theelepel Dijon-mosterd
- 1 theelepel witte azijn
- Zout en peper naar smaak
- Salsa, guacamole en zure room als topping
- Gehakte koriander voor garnering

INSTRUCTIES:
a) Bereid de klassieke duivelse eieren.
b) Bestrijk elk devil egg met een kleine klodder salsa, guacamole en zure room.
c) Garneer met gehakte koriander voor een feestelijke Cinco de Mayo-flair.

14. Valentijnsdag hartvormige gevulde eieren

INGREDIËNTEN:
- 6 grote eieren, hardgekookt en gepeld
- 1/4 kop mayonaise
- 1 theelepel Dijon-mosterd
- 1 theelepel witte azijn
- Zout en peper naar smaak
- Rode voedselkleurstof
- Verse peterselie ter garnering

INSTRUCTIES:
a) Bereid de klassieke duivelse eieren.
b) Snijd elk eiwit in hartvormen.
c) Verf het gevulde eimengsel met rode kleurstof.
d) Vul elk hartvormig eiwit met het rode mengsel.
e) Garneer met verse peterselie voor een romantisch tintje.

15. Aftellen op oudejaarsavond Deviled Eggs

INGREDIËNTEN:
- 6 grote eieren, hardgekookt en gepeld
- 1/4 kop mayonaise
- 1 theelepel Dijon-mosterd
- 1 theelepel witte azijn
- Zout en peper naar smaak
- Zwarte sesamzaadjes
- Eetbaar bladgoud voor garnering

INSTRUCTIES:
a) Bereid de klassieke duivelse eieren.
b) Strooi zwarte sesamzaadjes over elk gevulde ei om de wijzerplaat weer te geven.
c) Garneer met een klein stukje eetbaar bladgoud om het oudejaarsfeest te symboliseren.

KAASACHTIGE DUIVEL EIEREN

16. Met Boursin geïnfundeerde duivelse eieren

INGREDIËNTEN:
- 6 grote eieren
- 1 eetlepel mayonaise
- 1 theelepel pittige bruine mosterd
- 1 eetlepel Boursin-kaas – ik gebruikte knoflook en kruiden
- Zout en peper – slechts een snufje
- 1 theelepel mosterdkaviaar – met een vleugje augurkensap
- 12 droge of verse viooltjes
- 12 koriander- of peterselieblaadjes – optioneel voor garnering

INSTRUCTIES:
a) Begin met het plaatsen van 6 grote eieren in een pot gevuld met koud water, waarbij u ervoor zorgt dat de eieren net onder water staan. Zet de pan op het vuur en kook de eieren op middelhoog vuur gedurende 20 minuten. Doe de eieren na 20 minuten in een kom met koud water en laat ze 5-10 minuten afkoelen.

b) Zodra de eieren zijn afgekoeld, verwijdert u de schaal door zachtjes rond het midden te tikken, ze te pellen en doormidden te snijden.

c) Haal de dooiers er voorzichtig uit door ze eruit te schuiven. Zet de eiwitten opzij. Duw de dooiers door een zeef in een mengkom. Hierdoor worden de dooiers gebroken, waardoor een perfect gladde vulling ontstaat in combinatie met andere ingrediënten.

d) Voeg 1 eetlepel mayonaise, 1 theelepel pittige bruine mosterd, 1 eetlepel Boursin-kaas en een snufje zout en peper toe aan de kom met de dooiers. Streef naar een vulling met de romige consistentie van hummus. Als het een beetje droog lijkt, proef het dan en voeg wat meer mayonaise of mosterd toe om de romigheid te versterken. Breng het mengsel over in een spuitzak met een decoratieve spuitmond.

e) Vul elk ei met de vulling en garneer elk ei met 1 viooltje, een kleine hoeveelheid mosterdkaviaar en een of twee peterselie- of korianderblaadjes (optioneel). Serveer en verras uw gasten met deze elegante lekkernijen.

17. Franse Uiensoep Gevulde Eieren

INGREDIËNTEN:
DUIVEL EIEREN:
- 8 eieren
- ¼ kopje + 1 eetlepel mayonaise
- ¼ theelepel zout
- 1 theelepel gele mosterd

TOPPING:
- 3 Grote Sjalotten
- 2 Eetlepels Boter
- ½ theelepel suiker
- 1 theelepel Bourbon
- Zout en peper naar smaak
- 12 blokjes stokbrood van een halve inch
- 12 vierkanten van een halve inch Gruyere-kaas

INSTRUCTIES:
a) Vul een grote pan met koud water tot ongeveer 10 cm diep. Voeg een theelepel zout en de 8 eieren toe. Opmerking: het is het beste om eieren te gebruiken die ongeveer 5 tot 6 dagen oud zijn in plaats van verse. Verhit op hoog totdat het begint te koken. Laat 1 tot 2 minuten staan, zet dan het vuur uit en dek af met een deksel. Laat het 15 minuten staan. Haal de eieren eruit en leg ze 3 tot 4 minuten in koud water. Tik elk ei een voor een lichtjes tegen een hard oppervlak en houd het onder stromend water, zodat het gemakkelijk te pellen is. Herhaal het proces totdat alle eieren gepeld zijn.

b) Snijd met een scherp mes elk ei in de lengte doormidden. Verwijder voorzichtig elke dooier en doe ze in een kom. Maak de dooiers los met een vork en voeg de mayonaise, ¼ theelepel zout en gele mosterd toe. Roer tot het mengsel romig en glad is. Doe het mengsel in een spuitzak en spuit het in het midden van elk ei. Als je geen spuitzak hebt, kun je het mengsel in elk ei scheppen. Zet ze in de koelkast tot ze klaar zijn om te bedekken met het Franse uienmengsel.

c) Voor de topping: Verwijder de buitenste laag van elke sjalot en snijd ze in dunne ringen. Voeg de boter toe in een koekenpan en laat deze op middelhoog vuur smelten. Voeg de gesneden sjalotten, suiker en een beetje zout en peper naar smaak toe. Laat ze ongeveer 7 tot 12 minuten op middelhoog vuur koken tot ze karameliseren. Voeg de bourbon toe en laat nog een minuut of twee koken tot de alcohol is verdampt. Zet de gekaramelliseerde sjalotjes opzij om af te koelen.

d) Zet de grill op de hoogste stand en rooster de broodblokjes tot ze licht goudbruin zijn. Bestrijk ze vervolgens allemaal met een beetje Gruyerekaas en laat ze onder de grill staan tot de kaas is gesmolten . Verwijder en laat ze afkoelen.

e) Samenstellen: Bestrijk elk devil egg met een beetje gekaramelliseerde sjalotten en bedek vervolgens met de kaasachtige crouton. Genieten!

18. Gevulde eieren met Spaanse peperkaas

INGREDIËNTEN:
- 12 hardgekookte eieren
- 2 ons roomkaas
- 2 eetlepels mayonaise
- 2 theelepels Dijon-mosterd
- ¼ theelepel gerookte paprikapoeder
- ¼ theelepel knoflookpoeder
- 3 ons geraspte scherpe cheddarkaas
- 3 ons geraspte Pepper Jack-kaas
- 2 ½ eetlepel in blokjes gesneden Spaanse peper (uitgelekt)
- Verse kruiden ter garnering

INSTRUCTIES:
a) Begin met het pellen en spoelen van de hardgekookte eieren. Snijd ze doormidden en verwijder voorzichtig de dooiers. Schik de eiwitten op een serveerschaal en doe de dooiers in een keukenmachine.

b) Meng de dooiers in de keukenmachine met roomkaas, mayonaise, Dijon -mosterd, paprikapoeder en knoflookpoeder. Meng tot het mengsel perfect glad is. Voeg vervolgens de geraspte kaas en de in blokjes gesneden Spaanse peper toe en pulseer tot alles gemengd is, waarbij u ervoor zorgt dat het mengsel niet te veel mengt .

c) Vul de eiwitten met een lepel of een spuitzak met het Spaanse peper-kaasmengsel. Garneer elk devil egg met takjes verse dille of bieslook. Indien gewenst bestrooien met peper. Dek ze goed af en zet ze in de koelkast tot je klaar bent om te serveren.

19. Kaviaar en Crème Fraîche Deviled Eggs

INGREDIËNTEN:
- 12 grote eieren
- ½ kopje (124 gram) mayonaise
- 6 eetlepels (90 gram) crème fraîche , verdeeld
- 2 theelepels (10 gram) Dijon-mosterd
- ½ theelepel fijn zeezout
- ¼ theelepel versgemalen zwarte peper
- 1 kleine sjalot, fijngehakt
- 1 ounce (28 gram) kaviaar naar keuze (of meer, indien gewenst)
- Gesneden verse bieslook

INSTRUCTIES:
a) Vul een grote pan voor de helft met water en breng het aan de kook.
b) Als je een stoommandje gebruikt, schik dan de eieren erin, of dompel de eieren voorzichtig een paar tegelijk onder met een zeef of een grote lepel totdat je ze allemaal hebt toegevoegd.
c) Zet een timer op 12 minuten. Zet het vuur lager zodra het water krachtig begint te borrelen, zodat het stevig blijft sudderen en de eieren niet te veel gaan bewegen.
d) Terwijl de eieren koken, vult u een grote kom voor de helft met ijswater.
e) Wanneer de timer afgaat, haal je de eieren uit de pan en dompel je ze onmiddellijk onder in het ijswater. Laat ze 15 minuten afkoelen.
f) Pel de eieren voorzichtig en spoel ze snel af onder stromend water om eventuele resterende stukjes schaal te verwijderen.
g) Snijd elk ei in de lengte doormidden en verwijder voorzichtig de dooiers in een middelgrote kom.
h) Pureer de dooiers grondig met een vork.
i) Voeg mayonaise, twee eetlepels crème fraîche , Dijon-mosterd, zout en peper toe, blijf pureren en mix tot het dooiermengsel romig wordt.
j) Roer de fijngehakte sjalot erdoor.
k) Gebruik een spuitzak met een gladde spuitmond, een hersluitbare plastic zak waarvan een van de onderste hoeken is afgeknipt, of een lepel, pijp of lepel het dooiermengsel terug in de eierhelften.
l) Schep ongeveer ½ theelepel crème fraîche op elk stuk en garneer met een kleine portie kaviaar. Werk af door te garneren met een paar geknipte stukjes verse bieslook en serveer.

20. Kaasachtige Jalapeño Popper Deviled Eggs

INGREDIËNTEN:
- 6 plakjes spek, gehakt
- 1 jalapeno, zonder zaadjes en gehakt
- 1 teentje knoflook, fijngehakt
- 10 hardgekookte eieren
- 3 ons roomkaas, verzacht
- 3 eetlepels mayonaise
- 1 theelepel Dijon-mosterd
- ¼ theelepel appelazijn
- Een snufje zout
- Een snufje cayennepeper
- 1 jalapeno, in dunne plakjes gesneden

INSTRUCTIES:
a) Kook het gehakte spek in een koekenpan met anti-aanbaklaag totdat het knapperig wordt. Gebruik een schuimspaan om het knapperige spek uit de pan te halen en leg het opzij.
b) Gooi alles behalve een halve eetlepel spekvet uit de koekenpan. Voeg de gehakte jalapeno en de gehakte knoflook toe aan het resterende spekvet en kook 1 tot 2 minuten tot ze geurig en licht zacht worden.
c) Snijd de hardgekookte eieren doormidden en verwijder voorzichtig de eierdooiers. Doe de eierdooiers in een middelgrote kom, samen met de zachte roomkaas, mayonaise, Dijon-mosterd, appelciderazijn, een snufje zout en een snufje cayennepeper. Gebruik een vork om de eidooiers fijn te prakken en meng ze grondig met de andere ingrediënten tot je een glad mengsel hebt.
d) Roer de gekookte jalapeno en knoflook erdoor, gebakken in spekvet.
e) Houd ongeveer een kwart van het krokante spek apart en meng de overige driekwart door het eigeelmengsel.
f) Schep het romige eigeelmengsel gelijkmatig terug in de eiwithelften.
g) Garneer de gevulde eieren met het gereserveerde knapperige spek en dun gesneden jalapeno om extra smaak en een vleugje warmte toe te voegen.

21. Queso Blanco gevulde eieren

INGREDIËNTEN:
- 6 hardgekookte eieren, in tweeën gesneden
- ½ container ROJO's Queso Blanco Dip
- Voedingsgist en rode pepervlokken om erover te strooien

INSTRUCTIES:
a) Begin met het uitscheppen van de dooiers uit de eieren en doe ze in een kom. Pureer de dooiers tot ze glad zijn.
b) Roer de Queso Dip erdoor en meng grondig.
c) Schep het mengsel in de gehalveerde eieren.
d) Werk af door te bestrooien met edelgist en rode pepervlokken."

22. Cheddar Tijm Deviled Eggs

INGREDIËNTEN:
- 8 grote eieren
- ⅓ kopje Roomkaas
- 4 eetlepels Parmezaanse kaas
- 1 theelepel verse tijm
- ¼ theelepel zeezout
- ¼ theelepel versgemalen peper
- 1 kopje fijngemalen glutenvrije cheddarcrackers

INSTRUCTIES:

a) Doe de eieren in een middelgrote pan met voldoende water om ze 5 cm onder water te zetten.

b) Breng aan de kook, dek af en haal van het vuur. Giet af en vul de pan met ijsblokjes en koud water. Zet opzij om gedurende 10 minuten in het water af te koelen.

c) Giet het water af en pel de eieren. Snijd elk ei in de lengte doormidden.

d) Doe de dooiers in een kleine kom en prak ze met een vork tot een gladde massa.

e) Voeg de roomkaas, Parmezaanse kaas, tijm, zeezout en peper toe.

f) Spuit of schep de vulling in het lege eiwit. Breng op smaak met zout en peper.

g) Strooi de gemalen cheddarcrackers op elk gevuld ei.

h) Koel Serveren.

23. Bacon Cheddar Deviled Eggs

INGREDIËNTEN:
- 5 plakjes spek, gekookt, verkruimeld en verdeeld
- 1 groene ui, fijngehakt, verdeeld
- 1 dozijn hardgekookte eieren
- ½ kopje mayonaise
- ½ kopje fijngeraspte scherpe Cheddar-kaas

INSTRUCTIES:
a) Bewaar 1 eetlepel spek en uien. Halveer de eieren in de lengte.
b) Haal de dooiers eruit en doe ze in een middelgrote kom.
c) Voeg mayonaise toe en gebruik een mixer om alles goed te kloppen tot het een geheel is.
d) Voeg de overgebleven uien, spek en kaas toe en meng goed door elkaar.
e) Spuit of schep eigeel in het midden van het eiwit en strooi de gereserveerde uien en spek erover.

24. Gevulde eieren met spek en blauwe kaas

INGREDIËNTEN:
- 6 grote eieren, hardgekookt en gepeld
- 1/4 kop mayonaise
- 2 eetlepels verkruimelde blauwe kaas
- 2 eetlepels gekookt en verkruimeld spek
- 1 theelepel Dijon-mosterd
- 1 theelepel witte azijn
- Gehakte bieslook ter garnering

INSTRUCTIES:

a) Bereid de klassieke duivelse eieren.

b) Meng mayonaise met verkruimelde blauwe kaas, verkruimeld spek, Dijon-mosterd en witte azijn.

c) Meng het mengsel van spek en blauwe kaas met de gepureerde eierdooiers.

d) Vul de eiwitten en garneer met gehakte bieslook.

e) Zet in de koelkast tot het serveren.

25. Gerookte Gouda en Bieslook Deviled Eggs

INGREDIËNTEN:
- 6 grote eieren, hardgekookt en gepeld
- 1/4 kop mayonaise
- 2 eetlepels geraspte gerookte Goudse kaas
- 1 eetlepel gehakte verse bieslook
- 1 theelepel Dijon-mosterd
- 1 theelepel witte azijn
- Gerookt paprikapoeder ter garnering

INSTRUCTIES:
a) Bereid de klassieke duivelse eieren.
b) Meng mayonaise met geraspte gerookte Goudse kaas, gehakte bieslook, Dijon-mosterd en witte azijn.
c) Meng het gerookte Goudse mengsel met de gepureerde eierdooiers.
d) Vul de eiwitten en garneer met een snufje gerookte paprikapoeder.
e) Zet in de koelkast tot het serveren.

26. Parmezaanse kaas en kruideneieren

INGREDIËNTEN:
- 6 grote eieren, hardgekookt en gepeld
- 1/4 kop mayonaise
- 2 eetlepels geraspte Parmezaanse kaas
- 1 eetlepel gehakte verse peterselie
- 1 theelepel Dijon-mosterd
- 1 theelepel witte azijn
- Versgemalen zwarte peper ter garnering

INSTRUCTIES:
a) Bereid de klassieke duivelse eieren.
b) Meng mayonaise met geraspte Parmezaanse kaas, gehakte peterselie, Dijon-mosterd en witte azijn.
c) Meng het Parmezaanse kaas-kruidenmengsel met de gepureerde eierdooiers.
d) Vul het eiwit en garneer met versgemalen zwarte peper.
e) Koel tot klaar om te serveren.

GEKRUIDE DEVILED EIEREN

27. Knoflook Dille Gevulde Eieren

INGREDIËNTEN:
- 1 kopje koud water
- 12 grote eieren
- ⅔ kopje mayonaise
- 4 theelepels dille-augurksaus
- 2 theelepels geknipte verse dille
- 2 theelepels Dijon-mosterd
- 1 theelepel grof gemalen peper
- ¼ theelepel knoflookpoeder
- ⅛ theelepel paprikapoeder of cayennepeper
- Extra geknipte verse dille, optioneel

INSTRUCTIES:
a) Voeg water toe aan een 6-qt. elektrische snelkookpan. Zet een onderzetter in het fornuis en plaats deze op de eieren. Plaats het deksel en vergrendel het, zorg ervoor dat u de ventilatieopening sluit.

b) Kies voor een hardmatige instelling, stel de druk in op laag en de tijd op 5 minuten.

c) Wanneer het koken klaar is, laat u de druk gedurende 5 minuten op natuurlijke wijze ontsnappen en laat u snel de resterende druk ontsnappen volgens de aanwijzingen van de fabrikant. Doe de eieren onmiddellijk in een kom met ijswater om af te koelen.

d) Snijd de eieren in de lengte in tweeën. Schep de dooiers eruit en bewaar het eiwit. Plet de dooiers in een kom. Meng de overige ingrediënten erdoor, behalve paprika. Gebruik het mengsel om door het eiwit te spuiten of te doen.

e) Laat het afgedekt minimaal 30 minuten afkoelen voordat u het serveert.

f) Gebruik paprikapoeder om te besprenkelen en voeg eventueel meer dille toe.

28. Spring Herb Deviled Eggs in de schaal

INGREDIËNTEN:
VULLING:
- 10 eieren
- 3 eetlepels plus ¼ kopje mayonaise
- 1 eetlepel water
- ½ theelepel witte wijnazijn
- ½ theelepel Dijon-mosterd
- ½ theelepel paprikapoeder
- ¼ theelepel cayennepeper
- Zout naar smaak
- Sap van 1 citroen
- ½ theelepel gehakte verse kervel of dragon, plus meer voor garnering
- ½ theelepel gehakte verse bieslook, plus meer voor garnering
- ½ theelepel gehakte verse basilicum, plus meer voor garnering
- Vers gemalen peper naar smaak
- 8 ons forel of zalmkuit of kaviaar

EIEREN WASSEN:
- 6 eieren
- 2 liter warm water
- 1 eetlepel gedistilleerde azijn

INSTRUCTIES:
VOOR DE VULLING:
a) Bedek de eieren in een grote pan met koud water en breng ze aan de kook. Haal de pot van het vuur en dek af gedurende 6 minuten. Breng de eieren vervolgens over naar een ijsbad om overkoken te voorkomen. Zodra ze iets zijn afgekoeld, verwijder je de schaal en scheid je de dooiers en het eiwit.

b) Om het dooiermengsel te maken, meng je de dooiers, 3 eetlepels mayonaise, water, azijn, mosterd, paprikapoeder en cayennepeper tot het de consistentie van mayonaise heeft bereikt. Als de puree te stijf is, voeg dan nog wat water toe. Breng op smaak met zout, doe het in een spuitzak of een ritssluitingszak en zet in de koelkast tot de laatste eierassemblage.

c) Om het witte mengsel te maken, doe je het eiwit door een fijnmazige zeef in een kom en voeg je de resterende mayonaise en het citroensap toe. Meng goed en voeg de kruiden toe. Breng op smaak met zout en gemalen peper, doe het in een spuitzak of een ritssluitingszak en zet in de koelkast tot de laatste eierassemblage.

d) Bereiding en eierwas:
e) Houd elk ei met het puntige uiteinde naar boven vast en gebruik een eiertopper of een klein scherp schilmesje om voorzichtig de bovenkant van elke schaal te kraken en te verwijderen. Zorg ervoor dat de bovenkanten netjes verwijderd zijn en leeg de inhoud. Bewaar de inhoud van het ei voor later gebruik.
f) Doe warm water en azijn in een pan en laat de lege schelpen 5-10 minuten weken. Verwijder het binnenmembraan, pel het voorzichtig af en gooi het weg. Laat de schelpen drogen en doe ze vervolgens in een eierdoos.

MONTAGE:
g) Spuit vlak voor het serveren het eiwitmengsel ongeveer halverwege elke schaal.
h) Spuit vervolgens het dooiermengsel op en vul hiermee nog een kwart van de schaal.
i) Garneer met kruiden en een lepel viskuit of kaviaar.
j) Geniet van je elegante Spring Herb Deviled Eggs in the Shell!

29. Gekarameliseerde ui en kruiden-deviled eggs

INGREDIËNTEN:
- 12 grote hardgekookte eieren, geschild en kruiselings gehalveerd
- ¼ kopje gekarameliseerde uien-yoghurtdressing
- 2 eetlepels Dijonmosterd
- 1 eetlepel water
- 2 eetlepels dun gesneden bieslook
- 1 eetlepel gehakte tijm
- Zout en peper naar smaak
- Microgreens voor garnering

INSTRUCTIES:

a) Begin met het verwijderen van de dooiers van alle eierhelften op vier na en plaats ze in een keukenmachine. Houd de dooiers intact voor de 4 resterende eierhelften. Voeg de gekarameliseerde uien-yoghurtdressing, Dijon-mosterd en water toe aan de keukenmachine.

b) Snijd de afgeronde zijkanten van de overgebleven eiwitten in dunne plakjes om een vlakke en vlakke bodem te creëren.

c) Doe deze gesneden reepjes eiwit in de keukenmachine en pureer het hele dooiermengsel totdat het glad wordt.

d) Voeg de gesneden bieslook en de gehakte tijm toe en breng het mengsel op smaak met zout en peper.

e) Vul een spuitzak met een ronde spuitmond en spuit een ruime hoeveelheid van het dooiermengsel in elk van de staande eiwithelften.

f) Bestrooi elk duivelsei met microgroenten voor een frisse garnering, gemalen zeezoutvlokken en gemalen zwarte peper om smaak en visuele aantrekkingskracht toe te voegen. Dan zijn ze klaar om te serveren.

g) Geniet van je heerlijke gekarameliseerde ui en kruidendeviled eieren!

30. Groene Godin Devilled Eieren

INGREDIËNTEN:
- 12 eieren
- 1 kleine rijpe avocado, geschild, ontpit en gepureerd
- 2 eetlepels (30 ml) mayonaise
- 2 eetlepels (30 ml) citroensap
- 2 eetlepels (30 ml) fijngehakte verse peterselie
- 1 eetlepel (15 ml) elk fijngehakte verse bieslook en dragon
- 1 theelepel (5 ml) Dijon-mosterd
- ½ theelepel (2,5 ml) zout
- ¼ theelepel (1,25 ml) peper
- 1 eetlepel (15 ml) olijfolie
- 4 plakjes prosciutto

INSTRUCTIES:

a) Leg de eieren in een enkele laag op de bodem van een grote pan. Giet er voldoende koud water bij zodat de eieren minimaal 2,5 cm onder water staan.

b) Breng het water op hoog vuur aan de kook, dek af en haal het van het vuur. Laat de eieren 12 minuten staan, giet ze af en spoel ze af onder koud water. Pel de eieren en snijd ze in de lengte doormidden.

c) Verwijder voorzichtig de dooiers en doe ze in een kom. Zet de eiwithelften opzij. Pureer de dooiers met een vork en roer de gepureerde avocado, mayonaise, citroensap, peterselie, bieslook, dragon, mosterd, zout en peper erdoor.

d) Schep of spuit het dooiermengsel in de eiwithelften.

e) Verhit ondertussen de olijfolie in een grote koekenpan met anti-aanbaklaag op middelhoog vuur. Kook de prosciutto 1 tot 2 minuten per kant of tot hij goudbruin en knapperig is. Laat het uitlekken op keukenpapier en laat het volledig afkoelen. Verkruimel de prosciutto in kleine stukjes.

f) Garneer voor het serveren de devil eggs met de verkruimelde prosciutto.

g) Geniet van je Green Goddess Devilled Eggs met Prosciutto!

31. Gevulde eieren met basilicum en zongedroogde tomaten

INGREDIËNTEN:
- 6 grote eieren, hardgekookt en gepeld
- 1/4 kop mayonaise
- 1 theelepel Dijon-mosterd
- 1 theelepel witte azijn
- Zout en peper naar smaak
- 2 eetlepels fijngehakte verse basilicum
- 2 eetlepels fijngehakte zongedroogde tomaten

INSTRUCTIES:
a) Bereid de klassieke duivelse eieren.
b) Meng mayonaise met Dijon-mosterd, witte azijn, zout en peper.
c) Meng het mengsel van basilicum en zongedroogde tomaten met de gepureerde eierdooiers.
d) Vul het eiwit en garneer met extra basilicumblaadjes.
e) Zet in de koelkast tot het serveren.

32. Dille en Komkommer Deviled Eggs

INGREDIËNTEN:
- 6 grote eieren, hardgekookt en gepeld
- 1/4 kop mayonaise
- 1 theelepel Dijon-mosterd
- 1 theelepel witte azijn
- Zout en peper naar smaak
- 1 eetlepel fijngehakte verse dille
- 2 eetlepels fijngesneden komkommer

INSTRUCTIES:
a) Bereid de klassieke duivelse eieren.
b) Meng mayonaise met Dijon-mosterd, witte azijn, zout en peper.
c) Meng het dille-komkommermengsel met de gepureerde eidooiers.
d) Vul de eiwitten en garneer met een klein schijfje komkommer erbovenop.
e) Koel tot klaar om te serveren.

33. Bieslook en Dragon Deviled Eggs

INGREDIËNTEN:
- 6 grote eieren, hardgekookt en gepeld
- 1/4 kop mayonaise
- 1 theelepel Dijon-mosterd
- 1 theelepel witte azijn
- Zout en peper naar smaak
- 2 eetlepels fijngehakte verse bieslook
- 1 eetlepel fijngehakte verse dragon

INSTRUCTIES:
a) Bereid de klassieke duivelse eieren.
b) Meng mayonaise met Dijon-mosterd, witte azijn, zout en peper.
c) Meng het bieslook-dragonmengsel met de gepureerde eidooiers.
d) Vul het eiwit en garneer met extra bieslook en dragonblaadjes.
e) Zet in de koelkast tot het serveren.

34. Peterselie en Kervel Deviled Eggs

INGREDIËNTEN:
- 6 grote eieren, hardgekookt en gepeld
- 1/4 kop mayonaise
- 1 theelepel Dijon-mosterd
- 1 theelepel witte azijn
- Zout en peper naar smaak
- 2 eetlepels fijngehakte verse peterselie
- 1 eetlepel fijngehakte verse kervel

INSTRUCTIES:
a) Bereid de klassieke duivelse eieren.
b) Meng mayonaise met Dijon-mosterd, witte azijn, zout en peper.
c) Meng het mengsel van peterselie en kervel met de gepureerde eidooiers.
d) Vul de eiwitten en garneer met een beetje extra kruiden.
e) Koel tot klaar om te serveren.

35. Rozemarijn en citroen-deviled eieren

INGREDIËNTEN:
- 6 grote eieren, hardgekookt en gepeld
- 1/4 kop mayonaise
- 1 theelepel Dijon-mosterd
- 1 theelepel witte azijn
- Zout en peper naar smaak
- 1 eetlepel fijngehakte verse rozemarijn
- Schil van 1 citroen

INSTRUCTIES:
a) Bereid de klassieke duivelse eieren.
b) Meng mayonaise met Dijon-mosterd, witte azijn, zout en peper.
c) Meng de rozemarijn en de citroenschil met de gepureerde eidooiers.
d) Vul de eiwitten en garneer met een klein takje verse rozemarijn.
e) Zet in de koelkast tot het serveren.

36. Munt en Koriander Deviled Eggs

INGREDIËNTEN:
- 6 grote eieren, hardgekookt en gepeld
- 1/4 kopje Griekse yoghurt
- 1 theelepel Dijon-mosterd
- 1 theelepel witte azijn
- Zout en peper naar smaak
- 2 eetlepels fijngehakte verse munt
- 2 eetlepels fijngehakte verse koriander

INSTRUCTIES:
a) Bereid de klassieke duivelse eieren.
b) Meng Griekse yoghurt met Dijon-mosterd, witte azijn, zout en peper.
c) Meng het munt-koriandermengsel met de gepureerde eidooiers.
d) Vul het eiwit en garneer met een klein blaadje munt of koriander.
e) Koel tot klaar om te serveren.

KRUIDIGE DUIVEL EIEREN

37. Pittige en rokerige gevulde eieren

INGREDIËNTEN:
- 6 grote eieren
- 1 eetlepel mayonaise
- 1 theelepel pittige bruine mosterd
- 1 theelepel pittige zure room
- 6 kleine pikante olijven
- 1 theelepel gerookte Spaanse paprika
- 1 theelepel cayennepeper
- 1 theelepel Old Bay-kruiden
- Zout en peper – naar smaak
- Maanzaad – voor garnering

INSTRUCTIES:
a) Begin met het plaatsen van 6 grote eieren in een pot gevuld met koud water, waarbij u ervoor zorgt dat de eieren net onder water staan .
b) Zet de pan op het vuur en kook de eieren op middelhoog vuur gedurende 20 minuten. Doe de eieren na 20 minuten in een kom met koud water en laat ze 5-10 minuten afkoelen.
c) Zodra de eieren zijn afgekoeld, verwijdert u voorzichtig de schaal door rond het midden te tikken en ze te pellen. Zorg ervoor dat je de eieren pelt zonder ze te scheuren of te deuken, zodat ze in perfecte staat blijven.
d) Snijd de eieren kruislings door het midden, in plaats van in de lengte. Deze methode resulteert in een stabielere basis voor de eierhelften. Snijd een klein stukje van de onderkant af, zodat je devil eggs perfect plat liggen en niet kunnen verschuiven op het bord.
e) Scheid de dooiers voorzichtig en plaats ze in een zeef boven een kom. Druk de dooiers door de zeef om ze te breken, waardoor een perfect gladde vulling ontstaat in combinatie met de andere ingrediënten. Opzij zetten.
f) Meng in een kleine mengkom de eierdooiers, 1 eetlepel mayonaise, 1 theelepel zure room, 1½ theelepel pittige bruine mosterd en een vleugje zout en peper naar smaak. Bedek het mengsel met plasticfolie of doe het in een spuitzak . Sluit de uiteinden af met elastiekjes of sluitbandjes om te voorkomen dat de vulling uitdroogt terwijl u het gekruide eiwit klaarmaakt.
g) Meng in een kleine kom 1 theelepel gerookte Spaanse paprika, 1 theelepel cayennepeper en 1 theelepel Old Bay-kruiden. Meng de kruiden en strooi ongeveer ½ theelepel kruidenmengsel op een bord. Dompel de randen van het eiwit voorzichtig in de kruiden en leg ze opzij. Strooi nog een beetje van het kruidenmengsel en dompel vervolgens totdat al je eiwitten mooi bedekt zijn.
h) Snijd een paar pittige olijven in plakjes en gebruik ze om je prachtig bereide duivelse eieren mee te vullen. Voeg aan elk schijfje een olijfschijfje toe en bestrooi lichtjes met maanzaad voor een aantrekkelijke afwerking.

38. Griekse Yoghurt Gevulde Eieren

INGREDIËNTEN:
- 4 eieren
- ¼ kopje magere Griekse yoghurt
- 1 theelepel gehakte verse dille
- ⅛ theelepel zout
- ⅛ theelepel paprikapoeder
- ⅛ theelepel knoflookpoeder
- Gehakte verse peterselie, voor garnering

INSTRUCTIES:
a) Verwarm de airfryer voor op 260 ° F.
b) Plaats de eieren in een enkele laag in de mand van de airfryer en kook gedurende 15 minuten.
c) Haal de eieren snel uit de airfryer en plaats ze in een koudwaterbad. Laat de eieren 10 minuten in het water afkoelen voordat u ze verwijdert en pelt.
d) Snijd de eieren na het pellen doormidden.
e) Schep de dooier in een kleine kom. Voeg de yoghurt, dille, zout, paprikapoeder en knoflookpoeder toe en meng tot een gladde massa.
f) Schep of spuit het dooiermengsel in de gehalveerde eiwitten. Serveer met een beetje verse peterselie erover.

39. Nori duivels ei

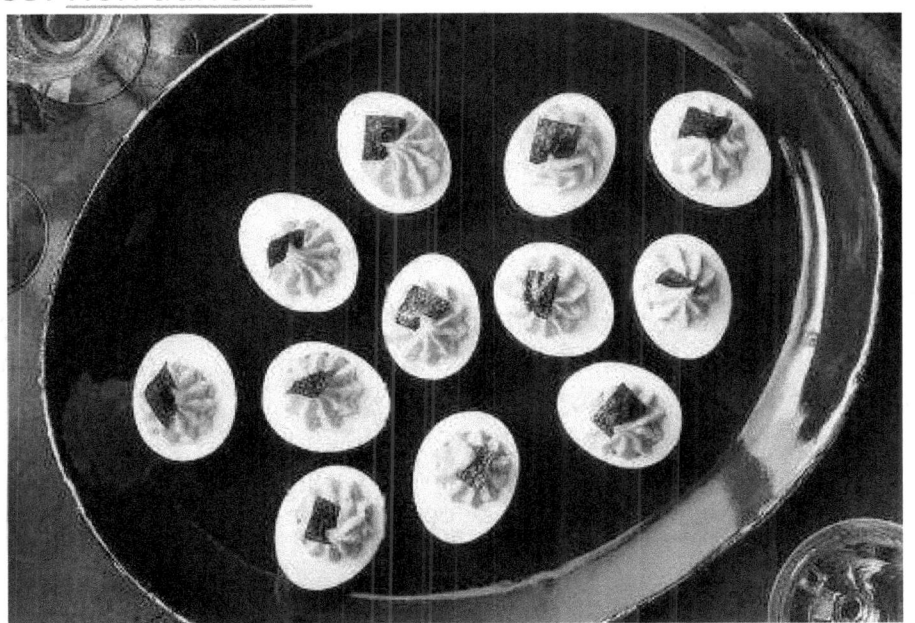

INGREDIËNTEN:
- 7 grote hardgekookte eieren. Gebarsten en in tweeën gesneden
- 4 nori -bladen. In reepjes snijden
- ½ kopje mayonaise
- 2 theelepels rijstazijn
- 2 theelepels wasabipasta
- ¼ theelepel zeezout

INSTRUCTIES:
a) Verwijder de dooier uit de eieren en pureer
b) Voeg de gepureerde dooier toe aan mayonaise, zout, wasabi en azijn en meng tot een perfecte pasta
c) Schik de eiwitten op een bord
d) Schep de inhoud en laat deze in het kuiltje van elk eiwit vallen
e) Maak de norireepjes nat en leg ze op elk gevuld ei

40. Sriracha-duivelse eieren

INGREDIËNTEN:
- 12 eieren (hardgekookt)
- ½ theelepel koosjer zout
- 2 theelepel Mayonaise
- 2 theelepels Srirachasaus
- 1 theelepel Dijonmosterd
- Vers limoensap (of citroensap).
- Kosjer zout naar smaak

INSTRUCTIES:

a) Voeg 2 theelepels mayo, 2 theelepels sriracha , 1 theelepel Dijonmosterd en een klein scheutje citroen of limoen toe aan de eieren.

b) Breng het op smaak met een beetje zout en pureer alles door elkaar.

41. Tahini & Olive Deviled Eggs met munt

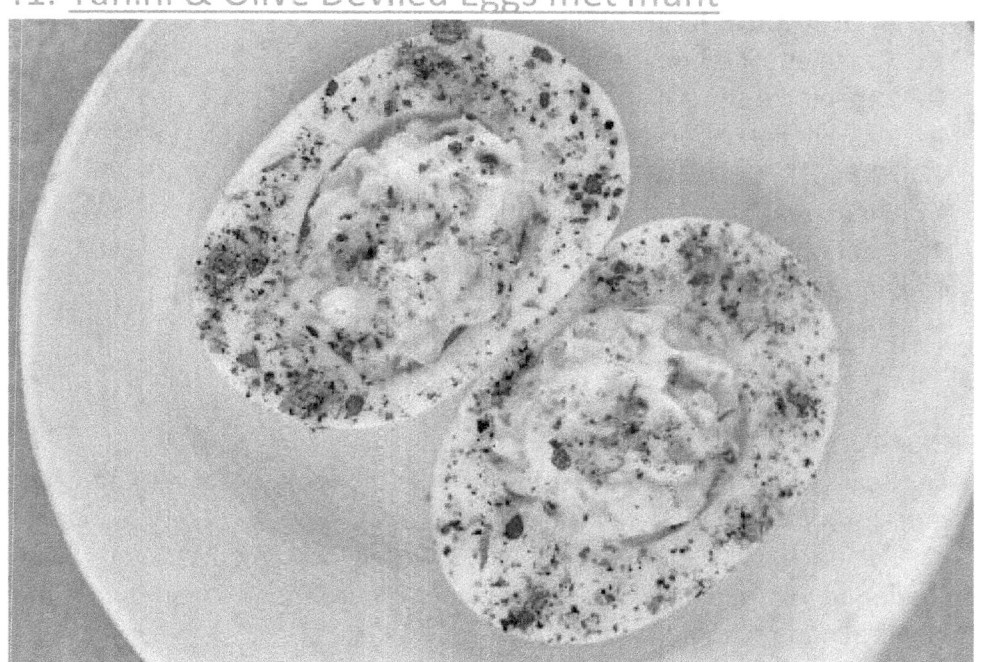

INGREDIËNTEN:
VOOR DE KRUIDENMENGSEL:
- 1 theelepel gedroogde munt
- 1 theelepel sumak
- ¼ theelepel peperkorrels

VOOR DE DEVILED EIEREN:
- 5 hardgekookte eieren
- 1 eetlepel tahin
- 2 eetlepels water
- 1 eetlepel gehakte zwarte olijven
- Zout naar smaak

INSTRUCTIES:
a) Begin met het maken van het kruidenmengsel. Maal de gedroogde munt, sumak en peperkorrels fijn.
b) Pel de hardgekookte eieren en snijd ze doormidden. Om zuivere sneden te verkrijgen, gebruikt u een zeer scherp mes en veegt u het mes na elke snede schoon.
c) Haal de dooiers er voorzichtig uit en plaats ze in een middelgrote kom, terwijl u de eiwitten op een snijplank legt.
d) Prak de dooiers met een vork tot ze kruimelig worden. Voeg de tahini, het water, 1 ¼ theelepel kruidenmengsel en de gehakte olijven toe aan de dooiers. Pureer en roer tot het mengsel glad wordt. Breng het op smaak met zout.
e) Verdeel het dooiermengsel gelijkmatig over de eiwitholtes en bestrooi met het resterende kruidenmengsel.

42. Jalapeño en Bacon Deviled Eggs

INGREDIËNTEN:
- 6 grote eieren, hardgekookt en gepeld
- 1/4 kop mayonaise
- 1 theelepel Dijon-mosterd
- 2 eetlepels ingelegde jalapeños, fijngehakt
- 2 eetlepels gekookt en verkruimeld spek
- Zout en peper naar smaak
- Gesneden jalapeños voor garnering

INSTRUCTIES:
a) Bereid de klassieke duivelse eieren.
b) Meng mayonaise met Dijon-mosterd, gehakte ingelegde jalapeños, verkruimeld spek, zout en peper.
c) Meng het pittige spekmengsel met de gepureerde eierdooiers.
d) Vul de eiwitten en garneer met gesneden jalapeños.
e) Koel tot klaar om te serveren.

43. Habanero Mango Gevulde Eieren

INGREDIËNTEN:
- 6 grote eieren, hardgekookt en gepeld
- 1/4 kop mayonaise
- 1 theelepel Dijon-mosterd
- 1 theelepel witte azijn
- 1 habanero-peper, fijngehakt (zaadjes verwijderd voor minder hitte)
- 2 eetlepels fijngesneden rijpe mango
- Zout en peper naar smaak
- Gehakte koriander voor garnering

INSTRUCTIES:
a) Bereid de klassieke duivelse eieren.
b) Meng mayonaise met Dijon-mosterd, witte azijn, gehakte habanero-peper, in blokjes gesneden mango, zout en peper.
c) Meng het habanero-mangomengsel met de gepureerde eidooiers.
d) Vul het eiwit en garneer met gehakte koriander.
e) Zet in de koelkast tot het serveren.

44. Cajun gekruide duivelse eieren

INGREDIËNTEN:
- 6 grote eieren, hardgekookt en gepeld
- 1/4 kop mayonaise
- 1 theelepel Dijon-mosterd
- 1 theelepel witte azijn
- 1 theelepel Cajunkruiden
- 1/2 theelepel hete saus (optioneel, voor extra warmte)
- Zout en peper naar smaak
- Gesneden groene uien voor garnering

INSTRUCTIES:
a) Bereid de klassieke duivelse eieren.
b) Meng mayonaise met Dijon-mosterd, witte azijn, Cajun-kruiden, hete saus (indien gebruikt), zout en peper.
c) Combineer het Cajun-kruidenmengsel met de gepureerde eidooiers.
d) Vul het eiwit en garneer met gesneden groene uien.
e) Koel tot klaar om te serveren.

45. Chipotle en Komijn Deviled Eggs

INGREDIËNTEN:
- 6 grote eieren, hardgekookt en gepeld
- 1/4 kop mayonaise
- 1 theelepel Dijon-mosterd
- 1 theelepel witte azijn
- 1 theelepel chipotlepoeder (naar smaak aanpassen)
- 1/2 theelepel gemalen komijn
- Zout en peper naar smaak
- Gehakte groene uien voor garnering

INSTRUCTIES:
a) Bereid de klassieke duivelse eieren.
b) Meng mayonaise met Dijon-mosterd, witte azijn, chipotlepoeder, gemalen komijn, zout en peper.
c) Meng het chipotle-komijnmengsel met de gepureerde eierdooiers.
d) Vul het eiwit en garneer met gehakte groene uien.
e) Zet in de koelkast tot het serveren.

46. Wasabi en soja-deviled-eieren

INGREDIËNTEN:
- 6 grote eieren, hardgekookt en gepeld
- 1/4 kop mayonaise
- 1 theelepel sojasaus
- 1 theelepel rijstazijn
- 1/2 theelepel wasabipasta (naar smaak aanpassen)
- Zout en peper naar smaak
- Sesamzaadjes ter garnering

INSTRUCTIES:
a) Bereid de klassieke duivelse eieren.
b) Meng mayonaise met sojasaus, rijstazijn, wasabipasta, zout en peper.
c) Meng het wasabi-sojamengsel met de gepureerde eidooiers.
d) Vul de eiwitten en garneer met sesamzaadjes.
e) Koel tot klaar om te serveren.

NOOTACHTIGE GEDUVELDE EIEREN

47. Amandel-deviled eieren

INGREDIËNTEN:
- 6 hardgekookte grote eieren
- ½ kopje mayonaise
- 1 theelepel Dijon-mosterd
- ¼ theelepel knoflcokzout
- 3 eetlepels fijngehakte geroosterde amandelen
- 12 hele geroosterde amandelen
- Verse peterselie

INSTRUCTIES:

a) Snijd de eieren in de lengte doormidden, haal de dooiers eruit en zet het eiwit opzij.

b) Vermaal de gehakte amandelen, knoflookzout, mosterd, mayonaise en dooiers in een kleine kom.

c) Gebruik het mengsel om in het eiwit te spuiten of te stoppen. Gebruik peterselie of hele amandelen om te garneren. Koel tot klaar om te serveren.

48. Curry-Cashew Deviled Eggs

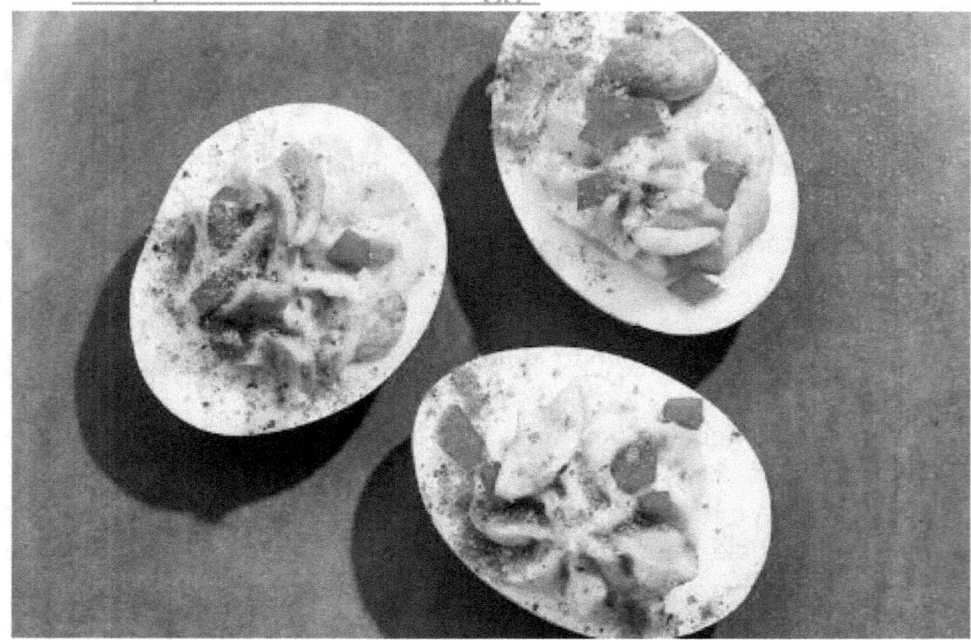

INGREDIËNTEN:
- 6 grote eieren
- Ijs
- 3 eetlepels mayonaise
- ½ theelepel kerriepoeder, plus meer voor garnering
- ½ theelepel gele mosterd
- ¼ theelepel koosjer zout
- ⅛ theelepel zwarte peper
- 1 kleine rode Fresno- chili , fijngehakt (ongeveer 2 theelepels)
- 2 eetlepels geroosterde gezouten cashewnoten
- 1 eetlepel dun gesneden lente-uitjes

INSTRUCTIES:
a) Vul een grote pan met water en breng het op hoog vuur aan de kook. Laat de eieren voorzichtig in het kokende water zakken en kook ongestoord gedurende 11 minuten en 30 seconden.

b) Maak ondertussen een ijsbad klaar door een grote kom voor de helft met ijs te vullen en voldoende water toe te voegen om het ijs te bedekken. Zet het ijsbad opzij.

c) Gebruik een spin of een schuimspaan om de gekookte eieren onmiddellijk uit het kokende water over te brengen naar het ijsbad. Laat ze staan totdat ze volledig zijn afgekoeld, gedurende minimaal 5 minuten of maximaal 30 minuten.

d) Werk met één ei tegelijk en tik de eieren stevig op een aanrecht of een vlak werkoppervlak totdat er scheuren in de hele schaal ontstaan. Pel de eieren onder koud water.

e) Snijd de eieren in de lengte doormidden en verwijder voorzichtig de dooiers. Meng in een middelgrote kom de dooiers en de mayonaise met een vork. Voeg het kerriepoeder, de mosterd, het zout en de zwarte peper toe. Roer goed om te combineren.

f) Schep het dooiermengsel gelijkmatig in het eiwit. Bestrijk de eieren met chili , cashewnoten en lente-uitjes en garneer indien gewenst met extra kerriepoeder. Serveer onmiddellijk of bewaar in een luchtdichte verpakking in de koelkast gedurende maximaal 1 dag.

49. Dukkah gevulde eieren

INGREDIËNTEN:
VOOR DE DUKKAH:
- ¼ kopje hazelnoten
- 1 theelepel sesamzaadjes
- ½ theelepel korianderzaad
- ½ theelepel komijnzaad

VOOR DE EIEREN:
- 5 eieren
- 2 eetlepels schapenyoghurt
- 2 eetlepels Dukkah (van bovenstaande ingrediënten)
- 1 eetlepel fijngehakte koriander, plus 10 kleine takjes voor decoratie
- Snufje zout

INSTRUCTIES:
a) Terwijl je eieren hard koken (ongeveer 10 minuten in een pan met kokend water en daarna laten koken), maak je de Dukkah . Rooster de hazelnoten in een middelmatig hete koekenpan en voeg de laatste paar seconden sesamzaadjes toe (ze roosteren snel), tot ze bruin zijn. Laat ze afkoelen en plet ze vervolgens met een mes of gebruik een keukenmachine.

b) Rooster de kruiden (koriander- en komijnzaad) in dezelfde pan tot ze geurig en licht gekleurd zijn. Haal ze onmiddellijk uit de pan om verder koken te stoppen en breng de kruiden over naar een stamper en vijzel.

c) Maal de geroosterde kruiden tot een fijn poeder, voeg dan de hazelnoten en sesamzaadjes toe en meng ze goed.

d) Zodra de eieren hardgekookt zijn, dompelt u ze onmiddellijk in koud water (dit stopt het verdere koken en vergemakkelijkt het pellen). Laat ze afkoelen, pel ze en snijd ze in de lengte door. Verwijder de dooiers en doe ze in een kom. Pureer de dooiers met een vork en voeg dan de yoghurt, de Dukkah , de gehakte koriander en een snufje zout toe. Pas indien nodig de kruiden aan.

e) Schep een opgehoopte theelepel van het dooier-yoghurtmengsel terug in de eierholtes en versier met een korianderblad.

50. Ricotta en pistachemousse met gevulde eieren

INGREDIËNTEN:
- 4 grote eieren
- 1 theelepel keukenzout
- 2 plakjes mortadella (ongeveer 35 gram)
- ¼ kopje volle melkricotta
- 2 eetlepels pistachenoten, plus een paar extra voor garnering (optioneel)
- 1 eetlepel olijfolie, plus extra indien nodig
- Snufje zout
- Peper naar smaak

INSTRUCTIES:
a) Bereid hardgekookte eieren.
b) Terwijl de eieren koken, rooster je de gepelde pistachenoten in een voorverwarmde oven op 325°F gedurende 10 minuten. Zet ze opzij om af te koelen.
c) Pel de afgekoelde hardgekookte eieren door ze aan alle kanten op keukenpapier te tikken om de schaal te laten barsten. Rol de eieren voorzichtig op keukenpapier om de schaal los te maken. Trek de schaal eraf. Als er kleine stukjes aan het ei blijven kleven, spoel het ei dan af onder koud water en dep het droog met keukenpapier.
d) Snijd de eieren doormidden en schep voorzichtig de dooiers eruit met je vingers of een kleine lepel.
e) Doe de dooiers in de kom van je keukenmachine. Voeg grof gehakte mortadella, ricotta, gehakte pistachenoten, zout en peper toe aan de eidooiers. Besprenkel met olijfolie en verwerk tot een romige massa. Het mengsel is mogelijk niet helemaal glad vanwege de pistachenoten. Als het te droog is, voeg dan een extra theelepel olijfolie toe.
f) Gebruik een spatel om het mengsel over te brengen in een spuitzak met een middelgrote sterpunt of in een plastic diepvrieszak. Als je een plastic zak gebruikt, knip dan het puntje af met een schaar en je bent nu klaar om de vulling in het eiwit te spuiten. U kunt ook een lepel gebruiken om het eiwit te vullen.
g) Garneer met gehakte pistachenoten (optioneel) en serveer.
h) Geniet van je elegante Mortadella, Ricotta en Pistache Mousse Deviled Eggs!

51. Thais geïnspireerde gevulde eieren

INGREDIËNTEN:
- 1 dozijn eieren
- ¼ kopje pindakaas
- ¾ theelepel zout
- 1 eetlepel suiker
- 2 theelepels rijstazijn (of witte azijn indien nodig)
- ½ theelepel chilipoeder
- ½ theelepel cayennepeper
- ¼ theelepel paprikapoeder
- ½ theelepel gemberpoeder OF ¼ theelepel verse geraspte gember
- 3-4 eetlepels kokosmelk (of een andere soort melk)
- Gemalen pinda's en extra chilipoeder voor garnering

INSTRUCTIES:

a) Kook de eieren in een pan gevuld met water gedurende ongeveer 9 minuten. Giet de eieren uit het water en dompel ze onder in koud water om af te koelen tot kamertemperatuur.

b) Pel de schaal van alle eieren en snijd ze doormidden.

c) Schep de dooiers uit het eiwit.

d) Meng in een keukenmachine de dooiers, pindakaas, zout, suiker, azijn en kruiden. Meng tot je een glad mengsel bekomt.

e) Voeg langzaam de vloeistof toe (kokosmelk of een andere melk naar keuze) totdat de vulling de textuur van mousse heeft.

f) Schep de vulling rechtstreeks in het eiwit of gebruik een spuitzak om het erin te spuiten.

g) Garneer met gemalen pinda's en/of chilipoeder. Serveer de Thais geïnspireerde duivelse eieren op kamertemperatuur.

52. Cajun-gekruide walnoot-deviled-eieren

INGREDIËNTEN:
- 8 grote hardgekookte eieren
- 2-3 eetlepels mayonaise (vetarm is optioneel)
- 1-2 theelepels bereide mosterd (naar smaak)
- ⅛ theelepel zout
- Optioneel: 1-2 eetlepels zeer fijngehakte bieslook
- 1 recept voor Cajun-gekruide walnoot "Crumb" topping

INSTRUCTIES:

a) Pel de eieren, halveer ze in de lengte en verwijder voorzichtig de dooiers. Breng de dooiers over naar een groot bord.

b) Voeg 2 theelepels water toe aan de dooiers en begin ze fijn te prakken met een vork. Voeg tijdens het pureren mayonaise, mosterd, zout en peper toe. Blijf pureren tot het mengsel heel glad is. Als alternatief kunt u voor deze stap een keukenmachine gebruiken.

c) Gebruik voorzichtig en langzaam twee theelepels om elke eiwitholte te vullen met de voorbereide vulling en verdeel deze gelijkmatig over de eiwitten.

d) Strooi rijkelijk de Cajun-gekruide walnoot "Crumb" Topping over de gevulde eieren.

e) Serveer de devil eggs koud of op een koele temperatuur. Ze kunnen puur, op toast of als onderdeel van een salade worden geserveerd.

53. Pecannoot en Honing Deviled Eggs

INGREDIËNTEN:
- 6 grote eieren, hardgekookt en gepeld
- 1/4 kop mayonaise
- 2 eetlepels fijngehakte pecannoten
- 1 eetlepel honing
- 1 theelepel Dijon-mosterd
- 1 theelepel witte azijn
- Zout en peper naar smaak
- Hele pecannoten ter garnering

INSTRUCTIES:
a) Bereid de klassieke duivelse eieren.
b) Meng mayonaise met gehakte pecannoten, honing, Dijon-mosterd, witte azijn, zout en peper.
c) Meng het pecannoten-honingmengsel met de gepureerde eidooiers.
d) Vul het eiwit en garneer met een hele pecannoot erbovenop.
e) Koel tot klaar om te serveren.

54. Amandel- en curry-deviled-eieren

INGREDIËNTEN:
- 6 grote eieren, hardgekookt en gepeld
- 1/4 kopje Griekse yoghurt
- 2 eetlepels fijngehakte amandelen
- 1 theelepel kerriepoeder
- 1 theelepel Dijon-mosterd
- 1 theelepel witte azijn
- Zout en peper naar smaak
- Gehakte verse koriander voor garnering

INSTRUCTIES:
a) Bereid de klassieke duivelse eieren.
b) Meng Griekse yoghurt met gehakte amandelen, kerriepoeder, Dijon-mosterd, witte azijn, zout en peper.
c) Meng het amandel-kerriemengsel met de gepureerde eierdooiers.
d) Vul het eiwit en garneer met gehakte koriander.
e) Zet in de koelkast tot het serveren.

55. Walnoot en blauwe kaas gevulde eieren

INGREDIËNTEN:
- 6 grote eieren, hardgekookt en gepeld
- 1/4 kop mayonaise
- 2 eetlepels fijngehakte walnoten
- 2 eetlepels verkruimelde blauwe kaas
- 1 theelepel Dijon-mosterd
- 1 theelepel witte azijn
- Zout en peper naar smaak
- Extra blauwe kaas ter garnering

INSTRUCTIES:
a) Bereid de klassieke duivelse eieren.
b) Meng mayonaise met gehakte walnoten, verkruimelde blauwe kaas, Dijon-mosterd, witte azijn, zout en peper.
c) Meng het mengsel van walnoten en blauwe kaas met de gepureerde eierdooiers.
d) Vul de eiwitten en garneer met extra verkruimelde blauwe kaas erbovenop.
e) Koel tot klaar om te serveren.

56. Cashew en koriander gevulde eieren

INGREDIËNTEN:
- 6 grote eieren, hardgekookt en gepeld
- 1/4 kop mayonaise
- 2 eetlepels fijngehakte cashewnoten
- 1 eetlepel gehakte verse koriander
- 1 theelepel Dijon-mosterd
- 1 theelepel witte azijn
- Zout en peper naar smaak
- Hele cashewnoten ter garnering

INSTRUCTIES:
a) Bereid de klassieke duivelse eieren.
b) Meng mayonaise met gehakte cashewnoten, gehakte koriander, Dijon-mosterd, witte azijn, zout en peper.
c) Meng het cashew- en koriandermengsel met de gepureerde eidooiers.
d) Vul het eiwit en garneer met een hele cashewnoten erbovenop.
e) Zet in de koelkast tot het serveren.

57. Gevulde eieren met pistache en feta

INGREDIËNTEN:
- 6 grote eieren, hardgekookt en gepeld
- 1/4 kopje Griekse yoghurt
- 2 eetlepels fijngehakte pistachenoten
- 2 eetlepels verkruimelde fetakaas
- 1 theelepel Dijon-mosterd
- 1 theelepel witte azijn
- Zout en peper naar smaak
- Gehakte verse munt voor garnering

INSTRUCTIES:
a) Bereid de klassieke duivelse eieren.
b) Meng Griekse yoghurt met gehakte pistachenoten, verkruimelde fetakaas, Dijon-mosterd, witte azijn, zout en peper.
c) Meng het pistache- en fetamengsel met de gepureerde eidooiers.
d) Vul het eiwit en garneer met gehakte verse munt.
e) Koel tot klaar om te serveren.

DE GEDUVELDE EIEREN VAN DE VLEESMINNAAR

58. Mierikswortel en Filet Mignon Deviled Eggs

INGREDIËNTEN:
- 2 (8 ounce) Filet Mignon
- 2 theelepels uienpoeder
- 2 theelepels knoflookpoeder
- ½ theelepel zout
- 2 theelepels versgemalen zwarte peper
- 1 dozijn grote eieren
- ½ theelepel zuiveringszout
- 6 eetlepels Knoflook Aioli (recept volgt)
- 3 eetlepels (of meer) bereide mierikswortel
- 2 eetlepels Dijonmosterd
- Zout en peper naar smaak
- 24 verse bieslookspertjes

VOOR KNOFLOOK AIOLI:
- 1 kopje mayonaise
- 1 eetlepel citroensap
- 2 teentjes knoflook, fijngehakt
- Zout en peper naar smaak

INSTRUCTIES:

a) Begin met het verwarmen van canola-olie in een gebakken pan op hoog vuur. Kruid de filet mignons aan beide kanten met uienpoeder, knoflookpoeder, zout en peper. Braad de filets aan elke kant gedurende 2 minuten. Leg de aangebraden filets vervolgens in de koelkast en laat ze 45 minuten afkoelen.

b) Plaats vervolgens de eieren in een grote pan en voeg voldoende koud water toe om de eieren 2,5 cm onder water te zetten. Voeg de baking soda toe aan het water. Dek de pan af en breng het water aan de kook. Haal de pan van het vuur en laat hem afgedekt 20 minuten staan. Giet daarna de eieren af en laat ze in koud water staan tot ze volledig zijn afgekoeld, wat ongeveer 30 minuten duurt.

c) Pel de eieren voorzichtig en snijd ze in de lengte doormidden. Schep de dooiers eruit en doe ze in de kom van een keukenmachine.

d) Snijd een klein plakje van de onderkant van elke eiwithelft en breng ze over naar een bakplaat, met de holtezijde naar boven.

e) Verwerk de dooiers in de keukenmachine tot ze glad worden. Voeg de knoflook-aioli, mierikswortel, Dijon-mosterd, zout en peper toe aan de dooiers. Verwerk het mengsel totdat het glad en goed gecombineerd wordt. Pas de kruiden naar eigen smaak aan en voeg desgewenst meer mierikswortel toe.

f) Breng het dooiermengsel over in een spuitzak met een gladde punt van ¼ inch of gebruik een afsluitbare plastic zak met een gat van ¼ inch uit een van de hoeken. Spuit de vulling in de holtes van het eiwit.

g) Snijd de gekoelde filets in dunne plakjes en leg een plakje op elk bereid ei.

h) Garneer elk ei met een vers bieslookspeertje.

VOOR DE KNOFLOOKAIOLI:

i) Meng in een kleine kom de mayonaise, het citroensap en de gehakte knoflook. Klop tot het mengsel glad is. Voeg zout en peper naar smaak toe.

59. Bacon Deviled Eieren

INGREDIËNTEN:
- 12 eieren (hardgekookt)
- ½ theelepel koosjer zout
- 1 Eetlepels Mayonaise
- 2 theelepels Dijonmosterd
- Vers citroensap
- Kosjer zout naar smaak
- 2-3 plakjes spek
- vers gehakte groene uien

INSTRUCTIES:
a) Pureer het geheel en spuit het vervolgens door het eiwit.

60. Deviled Groene Eieren & Spam

INGREDIËNTEN:
- 6 hardgekookte eieren
- 2 eetlepels mayonaise
- 1 eetlepel Dijon-mosterd
- 1 eetlepel zoete augurksaus
- Zout en peper naar smaak
- 6 plakjes Spam, gekookt en in blokjes gesneden
- Groene voedselkleurstof (optioneel)

INSTRUCTIES:

a) Snijd de hardgekookte eieren in de lengte doormidden. Verwijder voorzichtig de dooiers en doe ze in een kom.

b) Pureer de eidooiers met een vork en meng de mayonaise, Dijon-mosterd, zoete augurkensaus, zout en peper erdoor. Voeg indien gewenst een druppel groene kleurstof toe om de vulling een groenachtige tint te geven.

c) Roer de in blokjes gesneden Spam door het eigeelmengsel.

d) Schep de vulling terug in de eiwithelften.

e) Schik de gevulde groene eieren en spam op een serveerschaal en garneer indien gewenst met gehakte bieslook of peterselie.

61. Bacon Balsamico Deviled Eggs

INGREDIËNTEN:
- 12 eieren
- 4 plakjes spek
- ½ kopje mayonaise
- ¼ kopje gehakte rode ui
- 2 theelepels witte suiker
- ½ theelepel balsamicoazijn
- ¼ theelepel selderijzout
- ¼ theelepel versgemalen zwarte peper
- ¼ kopje gehakte verse peterselie

INSTRUCTIES:

a) Doe de eieren in een grote pot, enkele laag, en vul deze met water tot ongeveer 2,5 cm.

b) Dek de pan af, laat het koken en haal het onmiddellijk van het vuur. Laat de eieren 15 minuten in het hete water staan. Giet het water af.

c) Laat de eieren afkoelen onder stromend koud water in de gootsteen. Schil het en snijd het in de lengte doormidden. Haal de dooiers uit het eiwit en doe ze in een kom. Leg de eiwitten met de ronde kant naar beneden op een serveerschaal.

d) Kook het spek in een grote, diepe koekenpan op middelhoog vuur gedurende ongeveer 10 minuten, af en toe draaiend, tot het gelijkmatig bruin is. Giet af met een met keukenpapier beklede plaat en hak vervolgens fijn.

e) Pureer de eierdooiers met een vork. Voeg vervolgens het spek, de ui, mayonaise, selderij, azijn, suiker, zout en peper toe. Meng grondig tot het gecombineerd is.

f) Breng het mengsel met een lepel over op de eiwitten.

g) Bestrooi met peterselie.

62. Deviled Ham En Ei Voorgerecht

INGREDIËNTEN:
- 6 hardgekookte grote eieren
- ¾ kopje fijngehakte, volledig gekookte ham
- ¼ kopje mayonaise
- 1 eetlepel zoete augurksaus
- 2 theelepels bereide mosterd
- ⅛ theelepel zout
- Streepje peper

INSTRUCTIES:
a) Snij de eieren in de lengte in tweeën. Schep de dooiers in een kom. Zet de eiwitten opzij.

b) Plet de dooiers en meng er peper, zout, mosterd, saus, mayonaise en ham door. Doe elk eiwit erin.

c) Zet het afgedekt in de koelkast tot het klaar is om te eten.

63. Deviled Eggs Benedict met Prosciutto

INGREDIËNTEN:
- 2 ons dun gesneden prosciutto, pancetta of jamón Serrano
- 2 eetlepels boter
- ½ kopje vers broodkruimels
- Kosjer zout en versgemalen zwarte peper
- 6 hardgekookte of hardgestoomde eieren, geschild en in de lengte gehalveerd
- 4 theelepels sap plus ½ theelepel schil van 1 citroen
- 1 eetlepel mayonaise
- ¼ theelepel cayennepeper
- 2 eetlepels dun gesneden lente-uitjes of bieslook

INSTRUCTIES:
a) Verwarm uw oven voor op 400 ° F. Leg de ham tussen twee siliconen bakplaten of stukjes bakpapier en plaats ze op een omrande bakplaat.

b) Leg er een tweede bakplaat op en plaats ze in de oven. Kook tot de ham mooi gaar is en goudbruin kleurt (de ham zal niet helemaal knapperig zijn, maar zal wel knapperig worden bij het afkoelen), wat ongeveer 20 minuten duurt. Haal het uit de oven en zet het opzij.

c) Verhit ondertussen de boter in een middelgrote koekenpan op middelhoog vuur tot het schuim afneemt. Blijf koken, al roerend, totdat het een nootachtige bruine kleur krijgt. Voeg onmiddellijk de broodkruimels toe en meng om te combineren. Zet het vuur middelhoog en kook, onder regelmatig roeren, tot de broodkruimels goudbruin en knapperig zijn. Breng ze op smaak met peper en zout en zet ze opzij.

d) Doe alle eidooiers in een middelgrote kom. Selecteer de 8 mooiste eiwithelften en leg ze opzij. Reserveer de overige 4 voor een ander gebruik. Voeg citroensap, schil, mayonaise en cayennepeper toe aan de kom en pureer en roer alles met een stevige garde tot alles goed gemengd is. Breng dit mengse op smaak met zout en peper.

e) Breng de dooiervulling over in een zak met ritssluiting. De vulling en de eiwithelften kunnen maximaal een nacht afgedekt in de koelkast worden bewaard voordat ze worden gevuld en geserveerd (leg de eiwithelften met de snijzijde naar beneden op een groot bord en bedek ze met plasticfolie).

f) Snijd de hoek van de zak met ritssluiting af en spuit het vulmengsel in de eiwithelften, waarbij u elk gaatje te vol maakt. Breek de ham in frieten en garneer de devil eggs met het paneermeel , de hamchips en de gesneden lente-uitjes.

g) Serveer je Deviled Eggs Benedict onmiddellijk.

64. Bacon Ranch Deviled Eieren

INGREDIËNTEN:
- 6 grote eieren, hardgekookt en gepeld
- 1/4 kop mayonaise
- 2 eetlepels gekookt en verkruimeld spek
- 1 theelepel ranchkruiden
- 1 theelepel Dijon-mosterd
- 1 theelepel witte azijn
- Zout en peper naar smaak
- Gehakte bieslook ter garnering

INSTRUCTIES:
a) Bereid de klassieke duivelse eieren.
b) Meng mayonaise met verkruimeld spek, ranchkruiden, Dijon-mosterd, witte azijn, zout en peper.
c) Combineer het spekranchmengsel met de gepureerde eidooiers.
d) Vul de eiwitten en garneer met gehakte bieslook.
e) Zet in de koelkast tot het serveren.

65. Buffalo Chicken Deviled Eieren

INGREDIËNTEN:
- 6 grote eieren, hardgekookt en gepeld
- 1/4 kop mayonaise
- 2 eetlepels fijngehakte gekookte kip (gepocheerd of rotisserie)
- 2 eetlepels buffelsaus
- 1 theelepel Dijon-mosterd
- 1 theelepel witte azijn
- Zout en peper naar smaak
- Verkruimelde blauwe kaas en gehakte bleekselderij voor garnering

INSTRUCTIES:
a) Bereid de klassieke duivelse eieren.
b) Meng mayonaise met gehakte gekookte kip, buffelsaus, Dijon-mosterd, witte azijn, zout en peper.
c) Meng het buffelkipmengsel met de gepureerde eidooiers.
d) Vul het eiwit en garneer met verkruimelde blauwe kaas en gehakte bleekselderij.
e) Koel tot klaar om te serveren.

66. Worst en Peper Deviled Eggs

INGREDIËNTEN:
- 6 grote eieren, hardgekookt en gepeld
- 1/4 kop mayonaise
- 2 eetlepels gekookte en verkruimelde worst (Italiaans of ontbijt)
- 1/4 kop fijngehakte paprika (rood en groen)
- 1 theelepel Dijon-mosterd
- 1 theelepel witte azijn
- Zout en peper naar smaak
- Verse basilicum ter garnering

INSTRUCTIES:
a) Bereid de klassieke duivelse eieren.
b) Meng mayonaise met verkruimelde gekookte worst, gehakte paprika, Dijon-mosterd, witte azijn, zout en peper.
c) Meng het worst-paprikamengsel met de gepureerde eidooiers.
d) Vul de eiwitten en garneer met verse basilicum.
e) Zet in de koelkast tot het serveren.

67. Barbecue Pulled Pork Deviled Eieren

INGREDIËNTEN:
- 6 grote eieren, hardgekookt en gepeld
- 1/4 kop mayonaise
- 2 eetlepels barbecue pulled pork (voorgekookt)
- 1 theelepel Dijon-mosterd
- 1 theelepel witte azijn
- Zout en peper naar smaak
- Gehakte groene uien voor garnering

INSTRUCTIES:
a) Bereid de klassieke duivelse eieren.
b) Meng mayonaise met barbecue pulled pork, Dijon-mosterd, witte azijn, zout en peper.
c) Meng het pulled pork mengsel met de gepureerde eidooiers.
d) Vul het eiwit en garneer met gehakte groene uien.
e) Koel tot klaar om te serveren.

68. Pastrami en Zwitserse duivelse eieren

INGREDIËNTEN:
- 6 grote eieren, hardgekookt en gepeld
- 1/4 kop mayonaise
- 2 eetlepels fijngehakte pastrami
- 2 eetlepels geraspte Zwitserse kaas
- 1 theelepel Dijon-mosterd
- 1 theelepel witte azijn
- Zout en peper naar smaak
- Verse dille voor garnering

INSTRUCTIES:
a) Bereid de klassieke duivelse eieren.
b) Meng mayonaise met gehakte pastrami, geraspte Zwitserse kaas, Dijon-mosterd, witte azijn, zout en peper.
c) Combineer de pastrami en het Zwitserse mengsel met de gepureerde eierdooiers.
d) Vul de eiwitten en garneer met verse dille.
e) Zet in de koelkast tot het serveren.

FRUIT GEDUVELDE EIEREN

69. Passievrucht Gevulde Eieren

INGREDIËNTEN:
- 6 hardgekookte eieren, gepeld en gehalveerd
- ¼ kopje mayonaise
- 1 eetlepel Dijon-mosterd
- ¼ kopje passievruchtpulp
- Zout en peper naar smaak
- Gehakte bieslook ter garnering

INSTRUCTIES:
a) Meng in een kom de eierdooiers, mayonaise, Dijon-mosterd, passievruchtpulp, zout en peper tot een gladde massa.
b) Schep het mengsel in de eiwithelften.
c) Bestrooi met gehakte bieslook.
d) Zet het minimaal 30 minuten in de koelkast voordat u het serveert.

70. Citroencurry gevulde eieren

INGREDIËNTEN:
- 16 hardgekookte grote eieren
- ⅓ tot ½ kopje zure room
- 2 eetlepels citroensap
- ½ theelepel zout
- ½ theelepel paprikapoeder
- ½ theelepel gemalen mosterd
- ½ theelepel kerriepoeder
- Dash Worcestershiresaus

INSTRUCTIES:
a) Halveer de eieren in de lengte.
b) Haal de dooiers eruit en zet het eiwit opzij.
c) Pureer de dooiers in een kom, roer de overige ingrediënten erdoor en meng goed door elkaar .
d) Schep het dooiermengsel in het eiwit en laat het afkoelen tot het klaar is om te serveren.

71. Regenboog gevulde eieren

INGREDIËNTEN:
EI KLEURSTOF:
- 6 hardgekookte eieren
- 1 kopje warm water
- 2 eetlepels kurkuma
- 1 blik bieten (gebruik alleen sap)
- 1 kopje bosbessensap

VULLING:
- ¼ kopje mayonaise
- 1 theelepel mosterd
- Een snufje zwarte peper
- Een snufje zout
- 1 eetlepel kurkuma
- 1 eetlepel bietensap
- ½ theelepel bietenpoeder

GARNERING:
- ¼ rode peper
- ¼ kopje peterselie
- 1 lente-ui

INSTRUCTIES:
EI KLEURSTOF:
a) Meng in aparte kommen warm water met kurkuma om de gewenste tinten te creëren: 1 ½ eetlepel voor oranje en ½ eetlepel voor geel.
b) Meng in één kom het sap van ingeblikte bieten.
c) Meng in een andere kom het bosbessensap.
d) Plaats hardgekookte eieren in elk van de kleurrijke vloeibare mengsels en zorg ervoor dat ze volledig onder water staan.
e) Laat de eieren ongeveer 10-15 minuten in de kleurstoffen zitten om de gewenste kleuren te verkrijgen. Haal de eieren uit de kleurstoffen en laat ze drogen.

VULLING:
f) Snijd de eieren in de lengte doormidden, zodat de kleurrijke dooiers zichtbaar worden.
g) Verwijder voorzichtig de dooiers en doe ze in een mengkom.
h) Voeg mayonaise, mosterd, een snufje zwarte peper en een snufje zout toe. Goed mengen.
i) Verdeel het dooiermengsel in aparte kommen.
j) Voeg aan elke kom kurkuma toe voor geel, bietensap voor rood en bietenpoeder voor paars. Pas de hoeveelheden aan om de gewenste tinten te verkrijgen. Meng tot de kleuren egaal zijn.

GARNERING:
k) Vul de uitgeholde eiwithelften met de kleurrijke dooiermengsels.
l) Garneer elk deviled egg met fijngehakte rode peper, peterselie en lente-ui.

72. Bieten Ingelegde Gevulde Eieren

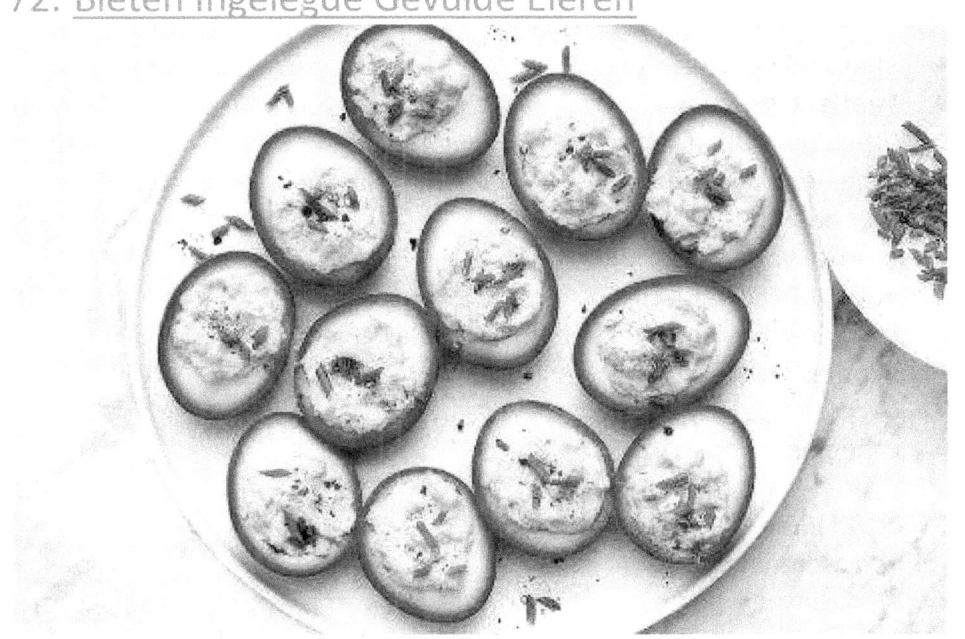

INGREDIËNTEN:
VOOR DE DEVILED EIEREN:
- 6 hardgekookte eieren
- 3 eetlepels mayonaise
- 1 theelepel Dijon-mosterd
- 1 theelepel appelazijn
- Zout en peper naar smaak
- Paprika, voor garnering

VOOR DE BIETENVLEKKING:
- 2 middelgrote bieten, geschild en in plakjes gesneden
- 3 kopjes water
- 1 kopje appelazijn
- 1 theelepel koosjer zout

INSTRUCTIES:
Voor de bietenkleuring:
a) Meng in een pot de gesneden bieten, water, appelazijn en koosjer zout op middelhoog vuur. Laat afgedekt 20 tot 25 minuten sudderen, of tot de bieten gaar zijn.
b) Laat het bietenmengsel volledig afkoelen en doe het dan in een grote kom. Voeg de gepelde hardgekookte eieren toe en zorg ervoor dat ze volledig bedekt zijn met het bietenmengsel. Laat de eieren minimaal 2 uur afkoelen, af en toe roeren. Voor een rijkere roze kleur kun je overwegen om ze een nacht te laten afkoelen.
c) Voor de duivelse eieren:
d) Haal de ingelegde eieren eruit en dep ze droog. Snijd elk ei in de lengte doormidden. Verwijder voorzichtig de dooiers met een lepel en plaats de eiwitten op een bord.
e) Pureer de eierdooiers met een vork en voeg de mayonaise, Dijon-mosterd, appelciderazijn, zout en peper toe. Roer tot het mengsel glad is.
f) Gebruik een lepel om het gevulde eimengsel terug in het uitgeholde midden van elk eiwit te verdelen.
g) Garneer elk devil egg met een snufje paprikapoeder en gesneden bieslook voor een extra vleugje smaak en presentatie.

73. Roze peperbes gevulde eieren

INGREDIËNTEN:
- 1 eetlepel roze peperbessen
- ¼ theelepel azijnpoeder
- 1 theelepel gele gemalen mosterd
- ½ theelepel Fleur de Sel Zeezout
- 1 eetlepel zoete uiensuiker
- 12 extra grote eieren, hardgekookt, gekoeld en gepeld
- ½ kopje mayonaise

INSTRUCTIES:
a) peperbessen grof en verdeel ze doormidden.
b) Snijd de eieren in de lengte doormidden. Trek voorzichtig aan het witte deel van elk ei om de dooier los te maken.
c) Verwijder de dooiers en doe ze in een kom. Meng de mayonaise, de helft van de roze peperbessen , het azijnpoeder, de gele gemalen mosterd en het Fleur de Sel -zeezout.
d) Schep het dooiermengsel terug in de eiwitten.
e) Bestrooi met de overgebleven roze peperbessen en zoete uiensuiker.
f) Serveer de devil eggs op kamertemperatuur of gekoeld.

74. Zoete en hartige gevulde eieren

INGREDIËNTEN:
- 12 hardgekookte grote eieren
- ⅓ kopje mayonaise
- 3 eetlepels fijngehakte bleekselderij
- 3 eetlepels fijngehakte zoete augurken
- 3 eetlepels fijngehakte marasquinkersen
- 2 eetlepels Dijonmosterd
- 1 eetlepel fijngehakte jalapenopeper zonder zaadjes
- ¼ theelepel zout
- ¼ theelepel peper
- ½ theelepel gerookte paprikapoeder
- ¼ theelepel gemalen chipotlepeper
- ¼ theelepel zwarte sesamzaadjes
- 24 maraschinokersen

INSTRUCTIES:
a) Snijd de eieren in de lengte doormidden. Verwijder de dooiers en zet het eiwit opzij.
b) Pureer de dooiers in een kleine kom. Roer de mayonaise, selderij, augurken, kersen, mosterd, jalapeno, zout en peper erdoor.
c) Schep of spuit het mengsel door het eiwit.
d) Bestrooi de gevulde eieren met paprikapoeder, chipotlepeper en sesamzaadjes. Werk elk af met een kers.
e) Zet de gevulde eieren afgedekt in de koelkast tot ze klaar zijn om te serveren.

75. Appel Rozemarijn Gevulde Eieren

INGREDIËNTEN:
- 6 extra grote hardgekookte eieren
- ¼ kopje mayonaise
- 1 theelepel gemalen Dijon-mosterd
- 1 eetlepel fijngehakte verse rozemarijn
- 1 theelepel appelazijn
- Zout en peper naar smaak
- ¼ kopje fijngehakte Honeycrisp- appel
- Paprika voor garnering
- 3 takjes verse rozemarijn ter garnering
- Gepelde zonnebloempitten voor garnering

INSTRUCTIES:

a) Snijd de hardgekookte eieren in de lengte doormidden en verwijder voorzichtig de dooiers. Zet de eiwitten opzij.

b) Pureer de eierdooiers in een kleine kom met een vork. Meng de dooiers met mayonaise, dijonmosterd, fijngehakte rozemarijn en appelciderazijn en breng op smaak met peper en zout.

c) Roer de fijngehakte Honeycrisp- appel erdoor.

d) Spuit of schep het eimengsel in de uitgeholde eiwithelften. Strooi er een snufje paprikapoeder en wat gepelde zonnebloempitten over en garneer met verse takjes rozemarijn.

e) Dek de gevulde eieren af en zet ze in de koelkast tot ze klaar zijn om te serveren.

76. Curry-mango-deviled-eieren

INGREDIËNTEN:
- 6 grote eieren, hardgekookt en gepeld
- 1/4 kop mayonaise
- 2 eetlepels fijngesneden rijpe mango
- 1 theelepel kerriepoeder
- 1 theelepel Dijon-mosterd
- 1 theelepel witte azijn
- Zout en peper naar smaak
- Gehakte verse koriander voor garnering

INSTRUCTIES:
a) Bereid de klassieke duivelse eieren.
b) Meng mayonaise met mangoblokjes, kerriepoeder, Dijon-mosterd, witte azijn, zout en peper.
c) Meng het curry-mangomengsel met de gepureerde eierdooiers.
d) Vul het eiwit en garneer met gehakte koriander.
e) Zet in de koelkast tot het serveren.

77. Ananas Jalapeño Deviled Eggs

INGREDIËNTEN:
- 6 grote eieren, hardgekookt en gepeld
- 1/4 kop mayonaise
- 2 eetlepels fijngehakte ananas
- 1 eetlepel fijngesneden ingelegde jalapeños
- 1 theelepel Dijon-mosterd
- 1 theelepel witte azijn
- Zout en peper naar smaak
- Gesneden jalapeños voor garnering

INSTRUCTIES:
a) Bereid de klassieke duivelse eieren.
b) Meng mayonaise met gehakte ananas, in blokjes gesneden ingelegde jalapeños, Dijon-mosterd, witte azijn, zout en peper.
c) Combineer het ananas-jalapeñomengsel met de gepureerde eidooiers.
d) Vul de eiwitten en garneer met gesneden jalapeños.
e) Koel tot klaar om te serveren.

78. Aardbeienbalsamico Deviled Eggs

INGREDIËNTEN:
- 6 grote eieren, hardgekookt en gepeld
- 1/4 kop mayonaise
- 2 eetlepels fijngehakte aardbeien
- 1 theelepel balsamicoazijn
- 1 theelepel Dijon-mosterd
- Zout en peper naar smaak
- Verse basilicumblaadjes ter garnering

INSTRUCTIES:
a) Bereid de klassieke duivelse eieren.
b) Meng mayonaise met gehakte aardbeien, balsamicoazijn, Dijon-mosterd, zout en peper.
c) Meng het aardbeienbalsamicomengsel met de gepureerde eierdooiers.
d) Vul de eiwitten en garneer met verse basilicumblaadjes.
e) Zet in de koelkast tot het serveren.

79. Bosbessen Geitenkaas Gevulde Eieren

INGREDIËNTEN:
- 6 grote eieren, hardgekookt en gepeld
- 1/4 kopje geitenkaas
- 2 eetlepels fijngehakte bosbessen
- 1 theelepel honing
- 1 theelepel Dijon-mosterd
- 1 theelepel witte azijn
- Zout en peper naar smaak
- Gehakte muntblaadjes voor garnering

INSTRUCTIES:
a) Bereid de klassieke duivelse eieren.
b) Meng geitenkaas met gehakte bosbessen, honing, Dijon-mosterd, witte azijn, zout en peper.
c) Meng het bosbessen-geitenkaasmengsel met de gepureerde eierdooiers.
d) Vul het eiwit en garneer met gehakte muntblaadjes.
e) Koel tot klaar om te serveren.

VIS EN ZEEVRUCHTEN DEVILED EIEREN

80. Tonijn en Ansjovis Eieren

INGREDIËNTEN:
- 12 grote eieren
- 1 (6 ounce) blikje tonijn verpakt in olie
- 2 met olie gevulde ansjovisfilets
- ½ kopje mayonaise
- 2 eetlepels vers citroensap
- 2 eetlepels kappertjes, uitgelekt, verdeeld
- ½ theelepel koosjer zout
- 4 eetlepels extra vergine olijfolie, verdeeld
- 2 eetlepels zalmkuit (optioneel)

INSTRUCTIES:
a) Begin door een grote pan water aan de kook te brengen op middelhoog vuur. Laat de koude eieren voorzichtig in het kokende water zakken. Kook ze gedurende 10 minuten, laat ze uitlekken en doe ze in een grote kom met ijswater.

b) Pel de eieren voorzichtig en snijd ze in de lengte doormidden. Om zuivere sneden te verkrijgen, gebruikt u een zeer scherp mes en veegt u het mes tussen elke snede schoon. Haal de dooiers eruit en doe ze in een keukenmachine. Schik de eiwitten op een schaal.

c) Voeg de tonijn, ansjovis, mayonaise, citroensap en 2 theelepels kappertjes toe aan de keukenmachine en pureer tot een gladde massa. Voeg vervolgens het zout en 2 eetlepels olijfolie toe, pulserend tot alles gemengd is. Doe het mengsel in een spuitzak of een hersluitbare plastic zak en knip de hoek af. Spuit het mengsel in de eiwitten.

d) Kook in een kleine koekenpan de resterende 4 theelepels kappertjes en 2 eetlepels olie op middelhoog vuur, af en toe roerend, tot de kappertjes knapperig worden, wat ongeveer 3-4 minuten moet duren. Leg ze op een met keukenpapier beklede plaat en laat ze afkoelen.

e) Bestrijk de gevulde eieren met de knapperige kappertjes en zalmkuiten (indien gebruikt).

81. Crabby Deviled-eieren

INGREDIËNTEN:
- 12 hardgekookte grote eieren
- 1 blik (6 ons) krabvlees, uitgelekt, in vlokken en kraakbeen verwijderd
- ¼ kopje mayonaise
- 2 eetlepels zoete augurksaus
- 1 eetlepel bereide mosterd
- 2 theelepels zeevruchtenkruiden
- ¼ theelepel peper

INSTRUCTIES:
a) Halveer de eieren in de lengte.
b) Schep de dooiers uit de eieren en zet het eiwit opzij.
c) Gebruik een vork om de dooiers in een kleine kom fijn te prakken.
d) Voeg peper, zeevruchtenkruiden, mosterd, smaak, mayonaise en krab toe; Meng goed.
e) Spuit of vul de vulling in het eiwit.
f) Laat het in de koelkast afkoelen tot het serveren.

82. Smoked forel duivelse eieren

INGREDIËNTEN:
- 6 hardgekookte eieren, gehalveerd, dooiers gescheiden
- 2½ ounces gerookte forel, vel verwijderd, verdeeld (2 ounces fijngehakt, ½ ounce in vlokken)
- 3 eetlepels yoghurt
- 1 eetlepel kappertjes, afgespoeld en fijngehakt
- 1 eetlepel gehakte verse bieslook, verdeeld
- 2 theelepels mayonaise
- 1½ theelepel citroensap
- ¾ theelepel volkoren mosterd
- ¼ theelepel gemalen kurkuma

INSTRUCTIES:
a) Pureer de dooiers met een vork tot er geen grote klontjes meer zijn.

b) Roer de gehakte forel, yoghurt, kappertjes, 2 theelepels bieslook, mayonaise, citroensap, mosterd en kurkuma erdoor en pureer het mengsel tegen de zijkant van de kom tot het goed is opgenomen.

c) Breng het dooiermengsel over in een kleine, stevige plastic zak.

d) Druk het mengsel in een hoek en draai de bovenkant van de zak. Knip met een schaar een halve centimeter van de gevulde hoek af.

e) Knijp in de zak en verdeel het dooiermengsel gelijkmatig over de eiwithelften, waarbij u de vulling boven het platte oppervlak van de eiwitten ophoopt.

f) Leg op elk ei een stukje forelvlokken en bestrooi met de resterende 1 theelepel bieslook. Serveer onmiddellijk.

83. Gerookte Zalm Gevulde Eieren

INGREDIËNTEN:

- 12 grote eieren
- ½ kopje mayonaise
- 1 ½ eetlepel Dijon-mosterd
- ½ theelepel knoflookpoeder
- ¼ theelepel gedroogde dille
- Kosjer zout en peper, naar smaak
- 2 eetlepels Everything Bagel Seasoning, plus meer om te bestrooien
- 4 plakjes koudgerookte zalm

INSTRUCTIES:

a) Doe de eieren in een grote pan en vul deze met koud water. Breng het aan de kook en laat het 1 minuut koken, zet dan het vuur uit en dek de pan af. Laat de pot 12 minuten staan.

b) Plaats de pot na 12 minuten in de gootsteen en vul deze met koud water om de eieren onmiddellijk af te koelen. Je wilt dat de eieren ongeveer 30 minuten in koud water liggen, dus het kan zijn dat je het water moet weggooien en een paar keer moet bijvullen met koud water.

c) Pel na 30 minuten de eieren en leg ze op keukenpapier. Snijd ze doormidden en verwijder voorzichtig de dooiers. Je kunt ze verticaal doormidden snijden voor een eenvoudige presentatie of ze horizontaal doormidden snijden voor een meer decoratieve uitstraling.

d) Doe alle kruiden op een bord. Dompel de onderkant van elk eiwit in de kruiden.

e) Voeg in een keukenmachine of blender de eierdooiers, mayo, Dijon-mosterd, knoflookpoeder, dille en een flinke snuf zout en peper toe. Meng tot het mengsel glad en romig is en een mousse-achtige consistentie heeft. Proef het mengsel en voeg indien nodig meer zout en peper toe.

f) Schep of spuit het gevulde eimengsel in de open eiwitten.

g) Snijd een klein reepje van de gerookte zalm, draai of rol het en plaats het op het gevulde eimengsel. Bestrooi elk devil egg met een snufje van alle kruiden.

h) Herhaal het proces met de resterende eieren en serveer! Geniet van je alles met gerookte zalm-duiveleieren.

84. Krab Deviled Eggs met spek

INGREDIËNTEN:
- 7 hardgekookte eieren
- ⅓ kopje mayonaise
- 1 theelepel gele mosterd
- 6 ons gekookt forfaitair krabvlees, plus meer voor garnering
- 1 eetlepel dillesaus
- 1 eetlepel gehakte ui
- 1 theelepel gehakte knoflook
- 1½ theelepel Old Bay-kruiden
- 5 plakjes gekookt spek, gehakt
- Gehakte verse peterselie (optioneel)

INSTRUCTIES:
a) Pel de eieren en snijd ze vervolgens in de lengte door. Schep de dooiers eruit en doe ze in een middelgrote mengkom.
b) Pureer de dooiers met een vork tot ze mooi romig zijn.
c) Voeg de mayonaise en mosterd toe en meng tot alles goed gemengd is. Aan de kant zetten.
d) Prik het krabvlees voorzichtig door om er zeker van te zijn dat er geen schelpen in zitten.
e) Voeg vervolgens het krabvlees toe aan het dooiermengsel, gevolgd door de saus, ui, knoflook en Old Bay Seasoning. Meng de ingrediënten.
f) Vul de eieren met het mengsel en beleg ze met het gesneden spek en de peterselie. Garneer met extra krab.

85. Gerookte Zalm en Roomkaas Deviled Eggs

INGREDIËNTEN:
- 6 grote eieren, hardgekookt en gepeld
- 1/4 kopje roomkaas, verzacht
- 2 eetlepels gerookte zalm, fijngehakt
- 1 theelepel kappertjes, uitgelekt en fijngehakt
- 1 theelepel Dijon-mosterd
- 1 theelepel witte azijn
- Zout en peper naar smaak
- Verse dille voor garnering

INSTRUCTIES:
a) Bereid de klassieke duivelse eieren.
b) Meng in een kom de zachte roomkaas met gehakte gerookte zalm, kappertjes, Dijon-mosterd, witte azijn, zout en peper.
c) Meng het mengsel van gerookte zalm en roomkaas met de gepureerde eierdooiers.
d) Vul de eiwitten en garneer met verse dille.
e) Koel tot klaar om te serveren.

86. Garnalen en Avocado Deviled Eggs

INGREDIËNTEN:
- 6 grote eieren, hardgekookt en gepeld
- 1/4 kop mayonaise
- 1/2 kop gekookte en gehakte garnalen
- 1/4 kop gepureerde avocado
- 1 theelepel limoensap
- 1 theelepel Dijon-mosterd
- Zout en peper naar smaak
- Gehakte verse koriander voor garnering

INSTRUCTIES:
a) Bereid de klassieke duivelse eieren.
b) Meng mayonaise met gehakte garnalen, geprakte avocado, limoensap, Dijon-mosterd, zout en peper.
c) Meng het garnalen-avocadomengsel met de gepureerde eidooiers.
d) Vul het eiwit en garneer met gehakte koriander.
e) Zet in de koelkast tot het serveren.

87. Krab en Old Bay Deviled Eggs

INGREDIËNTEN:
- 6 grote eieren, hardgekookt en gepeld
- 1/4 kop mayonaise
- 1/2 kop forfaitair krabvlees, geplukt
- 1 theelepel Old Bay-kruiden
- 1 theelepel Dijon-mosterd
- 1 theelepel witte azijn
- Zout en peper naar smaak
- Citroenpartjes ter garnering

INSTRUCTIES:
a) Bereid de klassieke duivelse eieren.
b) Meng mayonaise met stukjes krabvlees, Old Bay-kruiden, Dijon-mosterd, witte azijn, zout en peper.
c) Combineer het krab- en Old Bay-mengsel met de gepureerde eidooiers.
d) Vul de eiwitten en garneer met partjes citroen.
e) Koel tot klaar om te serveren.

88. Tonijn en Olive Deviled Eggs

INGREDIËNTEN:
- 6 grote eieren, hardgekookt en gepeld
- 1/4 kop mayonaise
- 1/2 kop tonijn uit blik, uitgelekt en in vlokken
- 2 eetlepels gehakte groene olijven
- 1 theelepel Dijon-mosterd
- 1 theelepel witte azijn
- Zout en peper naar smaak
- Gehakte peterselie ter garnering

INSTRUCTIES:
a) Bereid de klassieke duivelse eieren.
b) Meng mayonaise met tonijnvlokken, gehakte groene olijven, Dijon-mosterd, witte azijn, zout en peper.
c) Meng het tonijn-olijvenmengsel met de gepureerde eierdooiers.
d) Vul de eiwitten en garneer met gehakte peterselie.
e) Zet in de koelkast tot het serveren.

89. Kreeft en Bieslook Deviled Eggs

INGREDIËNTEN:
- 6 grote eieren, hardgekookt en gepeld
- 1/4 kop mayonaise
- 1/2 kopje gekookt en gehakt kreeftenvlees
- 1 eetlepel gehakte verse bieslook
- 1 theelepel Dijon-mosterd
- 1 theelepel witte azijn
- Zout en peper naar smaak
- Paprika voor garnering

INSTRUCTIES:
a) Bereid de klassieke duivelse eieren.
b) Meng mayonaise met gehakt kreeftenvlees, gehakte bieslook, Dijon-mosterd, witte azijn, zout en peper.
c) Meng het kreeft-bieslookmengsel met de gepureerde eierdooiers.
d) Vul de eiwitten en garneer met een snufje paprikapoeder.
e) Koel tot klaar om te serveren.

VEGGIE DUIVEL EIEREN

90. Spinazie Dip Gevulde Eieren

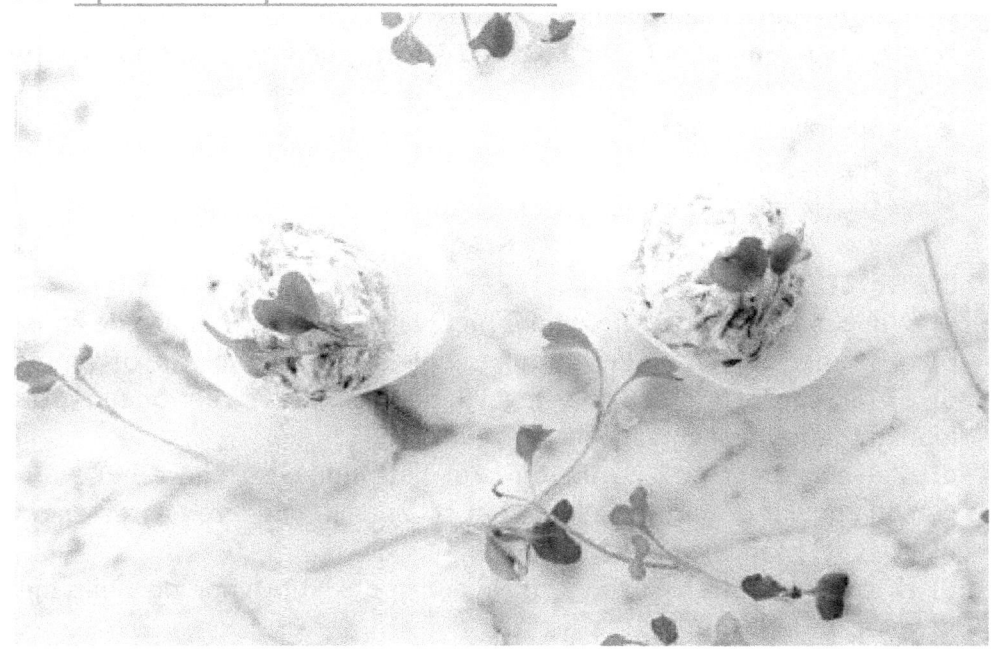

INGREDIËNTEN:
- 1 dozijn perfect gepelde hardgekookte eieren
- 1 kopje spinaziedip gemaakt van Knorr-groentenreceptmix (recept hier verkrijgbaar)
- 1 middelgrote sjalot, fijngehakt
- ¼ theelepel fijn zeezout
- ¼ theelepel versgemalen zwarte peper

INSTRUCTIES:
a) Vul een grote pan voor de helft met water en breng het aan de kook.
b) Als je een stoommandje gebruikt, schik dan de eieren erin, of dompel de eieren voorzichtig een paar tegelijk onder met een zeef of een grote lepel totdat je ze allemaal hebt toegevoegd.
c) Zet een timer op 12 minuten. Zet het vuur lager zodra het water krachtig begint te borrelen, zodat het stevig blijft sudderen en de eieren niet te veel gaan bewegen.
d) Terwijl de eieren koken, vult u een grote kom voor de helft met ijswater.
e) Wanneer de timer afgaat, haal je de eieren uit de pan en dompel je ze onmiddellijk onder in het ijswater. Laat ze 15 minuten afkoelen.
f) Pel de eieren voorzichtig en spoel ze snel af onder stromend water om eventuele resterende stukjes schaal te verwijderen.
g) Snijd elk ei in de lengte doormidden.
h) Verwijder voorzichtig de dooiers en plaats ze in een grote mengkom. Pureer ze goed met een vork.
i) Voeg de spinaziedip, de gehakte sjalot, het zout en de peper toe, blijf pureren en mix tot het dooiermengsel romig wordt.
j) Gebruik een spuitzak met een gladde spuitmond, een hersluitbare plastic zak waarvan een van de onderste hoeken is afgeknipt, of een lepel, pijp of lepel het dooiermengsel terug in de eierhelften.

91. Tatersalade met gevulde eieren

INGREDIËNTEN:
- ¾ kopje in blokjes gesneden kleine rode aardappelen
- 6 hardgekookte grote eieren
- ¼ kopje mayonaise
- 2 theelepels dille-augurksaus
- 1 theelepel Dijon-mosterd
- Strooi elk zout en peper
- 2 theelepels gehakte verse peterselie

INSTRUCTIES:

a) Leg de aardappelen in een kleine pan en voeg water toe om te bedekken. Aan de kook brengen. Lagere hitte; dek af en laat sudderen tot het zacht is gedurende 10-15 minuten. Zeef en koel af.

b) Halveer de eieren in de lengte. Schep de dooiers uit de eieren; zet het wit opzij. Pureer de dooiers in een kleine kom.

c) Voeg peper, zout, mosterd, saus, mayonaise en aardappelen toe; goed mengen. Vul de eiwitten met het mengsel. Gebruik peterselie om op te baggeren .

d) Laat tot het serveren in de koelkast staan.

92. Pompoen Gevulde Eieren

INGREDIËNTEN:
- 12 grote eieren
- ½ kopje Primal Kitchen-mayonaise
- 2 eetlepels Buffelsaus
- 1 tot 2 theelepels paprikapoeder
- ½ theelepel zout
- Een paar druppels vissaus (optioneel, maar voegt umami toe)
- 1 groene ui (alleen het groene deel), in stukken van ¼ inch breed gesneden

INSTRUCTIES:
a) Breng een pot water aan de kook. Doe de eieren voorzichtig in het kokende water en kook gedurende 11 minuten. Giet na 11 minuten het water af en spoel de eieren een minuut of twee met heel koud water om het kookproces te stoppen. Pel de gekookte eieren en snijd ze in de lengte doormidden.

b) Verwijder de eidooiers en doe ze in een kom. Pureer de dooiers met een vork tot ze de textuur hebben van zeer fijne kruimels.

c) Voeg de mayonaise, buffelsaus, paprika, vissaus (indien gebruikt) en zout toe aan de gepureerde dooiers. Meng tot alles gelijkmatig gemengd is . Voeg voldoende paprikapoeder toe om een mooie oranje pompoenkleur te verkrijgen. Proef het mengsel en pas de smaak naar eigen smaak aan.

d) Vul de eiwithelften met het dooiermengsel. Gebruik desgewenst de punt van een mes om vier lijnen in de lengterichting bovenop de vulling in te snijden om een pompoenontwerp te creëren. Plaats een stukje groene ui bovenaan elke "pompoen" voor de stengel.

e) Bewaar overgebleven pompoen-duiveleieren in een luchtdichte verpakking in de koelkast gedurende maximaal 3 dagen.

93. Salsa Gevulde Eieren

INGREDIËNTEN:
EIEREN:
- 6 Eieren, hardgekookt en gepeld
- 3 eetlepels verse salsa of grove salsa (uitgelekt, indien nodig)
- 1 eetlepel zure room

TOPPING:
- 2 theelepels verse salsa
- 1 theelepel gehakte verse koriander

INSTRUCTIES:
a) Begin met het doormidden snijden van de eieren in de lengte, verwijder vervolgens voorzichtig de eierdooiers en doe ze in een kom.

b) Pureer de eierdooiers met een vork. Voeg 3 eetlepels salsa en zure room toe en meng goed tot een romige vulling ontstaat.

c) Schep ongeveer 1 eetlepel van het eigeelmengsel in elke eiwithelft.

d) Bestrijk elk devil egg met ongeveer ½ theelepel salsa en garneer indien gewenst met gehakte koriander.

e) Bedek de gevulde eieren en zet ze in de koelkast tot het moment van serveren, of maximaal 24 uur.

94. Avocado en Tomaat Deviled Eggs

INGREDIËNTEN:
- 6 grote eieren, hardgekookt en gepeld
- 1/4 kop gepureerde avocado
- 2 eetlepels fijngesneden tomaten
- 1 theelepel limoensap
- 1 theelepel Dijon-mosterd
- Zout en peper naar smaak
- Gehakte verse koriander voor garnering

INSTRUCTIES:
a) Bereid de klassieke duivelse eieren.
b) Meng de gepureerde avocado met de in blokjes gesneden tomaten, limoensap , Dijon-mosterd, zout en peper.
c) Meng het avocado-tomatenmengsel met de gepureerde eierdooiers.
d) Vul het eiwit en garneer met gehakte koriander.
e) Koel tot klaar om te serveren.

95. Spinazie en Feta gevulde eieren

INGREDIËNTEN:
- 6 grote eieren, hardgekookt en gepeld
- 1/4 kop mayonaise
- 2 eetlepels gekookte en fijngehakte spinazie (knijp overtollig vocht eruit)
- 2 eetlepels verkruimelde fetakaas
- 1 theelepel Dijon-mosterd
- 1 theelepel witte azijn
- Zout en peper naar smaak
- Gehakte verse dille voor garnering

INSTRUCTIES:
a) Bereid de klassieke duivelse eieren.
b) Meng mayonaise met gehakte spinazie, verkruimelde fetakaas, Dijon-mosterd, witte azijn, zout en peper.
c) Meng het spinazie-fetamengsel met de gepureerde eidooiers.
d) Vul het eiwit en garneer met gehakte verse dille.
e) Zet in de koelkast tot het serveren.

96. Geroosterde rode paprika en hummus gevulde eieren

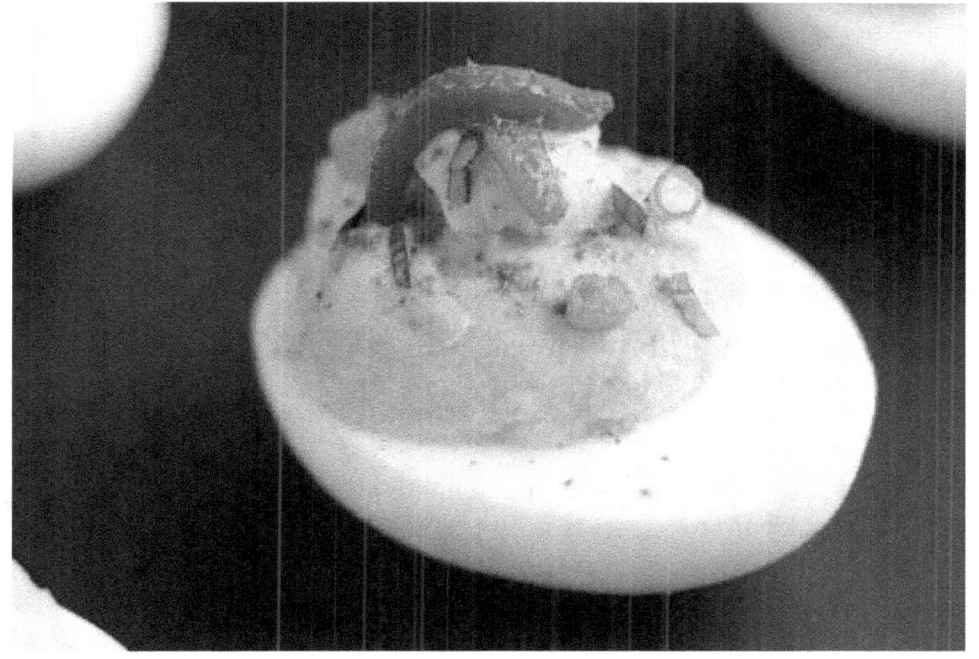

INGREDIËNTEN:
- 6 grote eieren, hardgekookt en gepeld
- 1/4 kopje hummus
- 2 eetlepels fijngehakte geroosterde rode paprika
- 1 theelepel citroensap
- 1 theelepel Dijon-mosterd
- Zout en peper naar smaak
- Gehakte peterselie ter garnering

INSTRUCTIES:
a) Bereid de klassieke duivelse eieren.
b) Meng hummus met gehakte geroosterde rode paprika, citroensap, Dijon-mosterd, zout en peper.
c) Meng het mengsel van geroosterde rode paprika en hummus met de gepureerde eidooiers.
d) Vul de eiwitten en garneer met gehakte peterselie.
e) Koel tot klaar om te serveren.

97. Komkommer en Griekse Yoghurt Deviled Eggs

INGREDIËNTEN:
- 6 grote eieren, hardgekookt en gepeld
- 1/4 kopje Griekse yoghurt
- 2 eetlepels fijngesneden komkommer
- 1 theelepel verse dille, gehakt
- 1 theelepel Dijon-mosterd
- Zout en peper naar smaak
- Gesneden komkommerrondjes voor garnering

INSTRUCTIES:
a) Bereid de klassieke duivelse eieren.
b) Meng Griekse yoghurt met in blokjes gesneden komkommer, verse dille, Dijon-mosterd, zout en peper.
c) Meng het komkommer- en Griekse yoghurtmengsel met de gepureerde eidooiers.
d) Vul het eiwit en garneer met plakjes komkommer.
e) Zet in de koelkast tot het serveren.

98. Artisjok en Parmezaanse deviled eieren

INGREDIËNTEN:
- 6 grote eieren, hardgekookt en gepeld
- 1/4 kop mayonaise
- 2 eetlepels fijngehakte gemarineerde artisjokharten
- 1 eetlepel geraspte Parmezaanse kaas
- 1 theelepel Dijon-mosterd
- 1 theelepel witte azijn
- Zout en peper naar smaak
- Gehakte verse peterselie voor garnering

INSTRUCTIES:
a) Bereid de klassieke duivelse eieren.
b) Meng mayonaise met gehakte artisjokharten, geraspte Parmezaanse kaas, Dijon-mosterd, witte azijn, zout en peper.
c) Meng het artisjok-parmezaanse mengsel met de gepureerde eidooiers.
d) Vul het eiwit en garneer met gehakte verse peterselie.
e) Koel tot klaar om te serveren.

99. Zongedroogde tomaat en basilicum gevulde eieren

INGREDIËNTEN:
- 6 grote eieren, hardgekookt en gepeld
- 1/4 kop mayonaise
- 2 eetlepels fijngesneden zongedroogde tomaten (verpakt in olie)
- 1 eetlepel verse basilicum, fijngehakt
- 1 theelepel Dijon-mosterd
- 1 theelepel witte azijn
- Zout en peper naar smaak
- Extra basilicumblaadjes ter garnering

INSTRUCTIES:
a) Bereid de klassieke duivelse eieren.
b) Meng mayonaise met gehakte zongedroogde tomaten, verse basilicum, Dijon-mosterd, witte azijn, zout en peper.
c) Meng het mengsel van zongedroogde tomaten en basilicum met de gepureerde eierdooiers.
d) Vul de eiwitten en garneer met extra basilicumblaadjes.
e) Zet in de koelkast tot het serveren.

100. Paprika en ui gevulde eieren

INGREDIËNTEN:
- 6 grote eieren, hardgekookt en gepeld
- 1/4 kop mayonaise
- 2 eetlepels fijngesneden rode paprika
- 2 eetlepels fijngesneden rode ui
- 1 theelepel Dijon-mosterd
- 1 theelepel witte azijn
- Zout en peper naar smaak
- Gehakte verse bieslook ter garnering

INSTRUCTIES:
a) Bereid de klassieke duivelse eieren.
b) Meng mayonaise met in blokjes gesneden rode paprika, in blokjes gesneden rode ui, Dijon-mosterd, witte azijn, zout en peper.
c) Meng het paprika-uienmengsel met de gepureerde eidooiers.
d) Vul de eiwitten en garneer met gehakte verse bieslook.
e) Koel tot klaar om te serveren.

CONCLUSIE

In 'GASTRONOMISCH GEVULD EIEREN: verhoog je hapjes met 100 verrukkelijke creaties' zijn we begonnen aan een culinair avontuur waarbij een geliefde klassieker wordt omgezet in iets buitengewoons. Met 100 gastronomische recepten voor gevulde eieren binnen handbereik, beschikt u nu over de middelen om indruk te maken op uw gasten en uw aperitiefspel naar een hoger niveau te tillen.

Van klassieke smaken met een moderne twist tot gedurfde combinaties die de grenzen van smaak verleggen: deze deviled eggs maken zeker indruk op elk gezelschap. We hebben een breed scala aan smaken en voorkeuren behandeld, zodat er voor ieder wat wils is.

Terwijl je de pagina's van dit kookboek verkent en experimenteert met deze gastronomische creaties met duivelse eieren, hopen we dat je plezier zult beleven aan de kookkunst en het plezier zult beleven aan het delen van je culinaire meesterwerken met vrienden en familie. Dus ga je gang, wees creatief in de keuken en verhef je hapjes met de magie van 'GASTRONOMISCH GEVULD EIEREN'. Je culinaire reis is nog maar net begonnen en de mogelijkheden zijn eindeloos. Genieten!

www.ingramcontent.com/pod-product-compliance
Lightning Source LLC
Chambersburg PA
CBHW071823110526
44591CB00011B/1201